作者简介

赵硕刚　国家信息中心经济预测部世界经济研究室助理研究员，主要从事世界经济、全球治理等领域的研究，近年来承担了国家社科基金以及国家发改委、财政部、商务部等国家级项目20余项，在《宏观经济管理》《经济要参》《瞭望》《上海证券报》等国家一级刊物、报纸等媒体上发表学术论文近70篇，曾获国家发改委中青年干部论坛优秀奖、国家信息中心优秀研究成果一等奖。

赵硕刚 ◎ 著

国际金融危机后的世界经济及全球治理变革

人民日报学术文库

人民日报出版社

图书在版编目（CIP）数据

国际金融危机后的世界经济及全球治理变革／赵硕
刚著 . —北京：人民日报出版社，2017. 11
ISBN 978 - 7 - 5115 - 5094 - 1

Ⅰ . ①国… Ⅱ . ①赵… Ⅲ . ①世界经济—研究
Ⅳ . ①F11

中国版本图书馆 CIP 数据核字（2017）第 279027 号

书　　名：国际金融危机后的世界经济及全球治理变革
著　　者：赵硕刚

出 版 人：董　伟
责任编辑：马苏娜
封面设计：中联学林

出版发行：人民日报出版社
社　　址：北京金台西路 2 号
邮政编码：100733
发行热线：（010）65369509　65369846　65363528　65369512
邮购热线：（010）65369530　65363527
编辑热线：（010）65369522
网　　址：www. peopledailypress. com
经　　销：新华书店
印　　刷：三河市华东印刷有限公司

开　　本：710mm×1000mm　1/16
字　　数：205 千字
印　　张：12. 5
印　　次：2018 年 1 月第 1 版　　2018 年 1 月第 1 次印刷
书　　号：ISBN 978 - 7 - 5115 - 5094 - 1
定　　价：68. 00 元

前　言

　　2008 年肇始于美国的次贷危机迅速演变为一场席卷全球的国际金融风暴，不仅重创了世界经济，也由此结束了 20 世纪 70 年代以来全球经济持续时间最长、增长速度最快的一轮增长周期，由次贷危机引发的国际金融危机也成为全球自 20 世纪 30 年代"大萧条"以来最为严重的一次经济危机。而且，从更长的历史时间角度看，此次国际金融危机的爆发不单是世界经济一个景气循环的分界点，也是由此拉开的一场包括世界经济、全球政治和国际秩序在内的全方位大调整、大变革的序幕。

　　当前全球正处于第二次世界大战以来第三次格局转换的大调整期。国际金融危机后的数十年将是全球新一轮经济格局变革、政治版图塑造以及国际秩序重构全方位深入展开，并逐步形成新的全球经济体系的重要时期，这既是我国面临的重要战略机遇期，也是国际各种潜在矛盾的凸显期和风险高发期。同时，随着中国更加深入地融入全球政治经济，中国因素也正成为影响世界形势变化的重要内生变量，未来中国与世界的互动也将对世界政治经济的走势产生更为深远的影响。因此，跟踪并研究国际金融危机后的世界经济走势和全球治理变化趋势，对于我国积极把握和顺应世界格局的发展趋势和阶段性特征，趋利避害，从而对确保顺利实现两个"一百年"

目标和中华民族的伟大复兴就具有了极为重要的现实意义。

　　本书集结了作者近年来围绕世界经济及全球治理变革撰写的研究文章，结构上分为上、下两篇。世界经济篇首先从世界经济失衡的角度对国际金融危机的爆发和发展走向进行了反思和判断。之后主要跟踪研究了国际金融危机后世界经济的复苏进程，并重点分析了国际金融危机策源地——美国的经济复苏和货币政策调整情况，同时也包含了对欧洲、日本以及新兴经济体的部分专题研究。在跟踪研究的过程中，文章同时也就世界经济形势变化对中国经济的影响进行了分析，并提出了政策建议。

　　全球治理篇主要从国际经济秩序调整的角度，分析了全球治理格局在国际金融危机后展现出的新特点、新问题、新趋势，并从G20、亚欧会议等全球治理平台以及"一带一路"建设等角度，分析了中国在全球治理变革中的角色和作用，提出了我国参与全球治理的对策。

目　录
CONTENTS

01

世界经济篇

理解国际金融危机：世界经济失衡的角度

20世纪90年代以来，经济全球化过程中，世界产业分工、资金流向、利益分配和主要经济体的经济关系都出现了不同于以往的全新变化，这些变化也超出了经典西方经济理论所能解释的范围。

美国经常账户一直处于赤字状态，1997年之后赤字占GDP比重不断扩大，到2006年达到6.15%的峰值。与此同时，石油输出国家和亚洲地区出现巨额经常账户盈余，这些盈余资金通过种种方式回流至美国，持有美元资产。2005年2月，国际货币基金组织总裁Rato在题为《纠正世界经济失衡——避免相互指责》的演讲中将此种一国拥有大量贸易赤字和多国贸易盈余并存的现象定义为世界经济失衡，并指出"全球经济正处于失衡之中"。此后，世界经济失衡这一命题引起了各国学者和机构的广泛关注和高度重视，并进行了一系列研究。2008年爆发的国际金融危机使失衡的全球经济增长格局受到极大挑战。世界银行行长佐利克（Zoelick，2009）认为，后金融危机时期的一大特点，就是全球经济增长模式需要再平衡。而美国奥巴马政府在2009年9月召开的G20峰会上提出了"可持续和均衡增长框架"，以创建一个强有力、可持续和平衡的全球经济模式。尽管美国的上述主张刻意回避其宏观经济政策失误、金融监管不力以及对美元霸权的滥用等导致危机的深层原因，但"全球经济再平衡"作为对此前长期积累的世界经济失衡的纠正，将对世界经济包括中国经济带来重大影响。

因此，我们必须直面"世界经济失衡、再平衡和争取可持续均衡发展"这一重大课题，分析总结世界经济不平衡发展的特征和失衡形成原因、判断后危机时期世界经济调整的趋势，研究世界经济不平衡发展格局调整对中国经济发展的影响，趋利避害，将其转化为中国经济战略调整的强大动力，促进中国经济社会实现全面协调可持续的发展。

世界经济失衡概念的提出既是对于美国经常项目赤字研究的延续、扩展，更重要的是从全球经济视角、多方面、多层次分析这一问题。从最初的研究到现在，对于这一问题的分析方法由侧重某一方面某一角度的切入研究，向全面分析世界经济运行演进，从分析宏观经济变量及其变化原因向与经济全球化、全球产业结构和要素流动等相结合的分析推进。可持续性的分析从早期集中在失衡的可维持性（分析现有体系的可维持性）和调整，进一步演进到研究全球经济的长期运行和结构的长期变化，分析全球经济运行可能出现的风险，以及如何通过宏观政策调整和国际协调，避免经济出现新的危机等方面。

一、世界经济失衡的内涵

（一）世界经济失衡的内涵

IMF 总裁 Rato（2005）认为，世界经济失衡表现为美国的巨额贸易和财政赤字，而与美国巨额赤字相对应的是其他一些国家，即日本、中国和亚洲新兴市场经济体以及石油输出国的盈余日益增大。Cooper（2005）、Bordo（2005）等一般把世界经济失衡看成是美国的经常账户赤字以及美国对外负债增加。欧洲央行前首席经济学家 Issing（2005）、Gruber（2005）等则认为，此次世界经济失衡除经常项目收支失衡外，还表现为由其引发的资本与金融项目失衡。Bracke 等（2008）做了框架性的研究，他们认为失衡反映了一种扭曲的经济结构，并把世界经济失衡定义为重要经济体之间不断扩大的外部不平衡。通过从历史的视角分析过去几十年外部失衡的发展趋势，他们指出今天的失衡与历史上的几次失衡相比具有新的特征，即中印等新经济体的出现、金融全球化的发展，以及截止到 2007 年的全球良好的经济金融环境。失衡的加剧是结构性因素（金融全球化的不完全、新兴经济体金融市场的不完善、商业周期因素、美国发达的金融市场）和周期性因素（私人部门和公共部门的储蓄—投资模式）共同作用的结果。结构性因素在周期性因素和政策性因素的驱动下使全球经济在短期内风险加大，有可能产生突然性的剧烈波动。

我国部分学者认为，世界经济失衡不仅仅表现为经常账户和资本与金融账户的失衡。张燕生（2006）指出，世界经济失衡是结构性的而不是周期性的，是全球化内在的总量失衡、系统失衡和制度失衡而不是暂时性市场失衡。一方面，全球化使世界越来越像一个相互依存的"地球村"；另一方面，这个"地球村"又缺少一个行之有效的管理制度，失衡不断通过各种危机、冲击或动荡进行调整从而恢复短期均衡。李若谷（2006）认为，世界经济失衡应包括所有不平衡问题，主要表现在以下四个方面：全球经济发展不平衡，南北差距进一步拉大；全球贸易不平衡，发展中国家面临诸多不利；国际资本流动和收益不平衡，全球财富由穷国向富国聚集；国际货币体制不平衡。施建淮（2006）指出，广义世界经济失衡可以指世界经济任何方面的不平衡：经济发展的不平衡、南北贫富的差距、贸易和资本流动的不平衡等；不过在大多数场合，人们在谈论世界经济失衡的时候，是指美国巨大且不断增长的经常项目逆差，以及相关联的美国极低的储蓄率和其他国家特别是东亚国家极高的储蓄率。陈凤英（2009）认为，世界经济失衡包含经常项目不平衡、资本项目不平衡，以及投资与储蓄不平衡、宏观经济政策不平衡。近年来国际油价持续飙升加剧了全球经济的不平衡。

综上所述，由于研究分析的出发点不同，对世界经济失衡的理解也不尽相同。从国际收支角度来看，世界经济失衡表现为经常账户和资本与金融账户的失衡；从投资储蓄角度看，失衡主要表现为各个国家内部投资与储蓄的失衡；从国家地区角度看，失衡主要表现为美国与日本、亚洲新兴市场经济国家以及产油国间的失衡；从国际货币体系角度看，失衡则表现为美元本位的国际货币制度与全球范围内的流动性过剩。

世界经济失衡在各个方面有不同的表现，单独从某一方面观察容易造成盲人摸象的局限，应以联系、全面、发展的观点来看待和理解。首先，全球经济的各种失衡现象并非孤立而是相互联系的。世界经济失衡表现为美国与日本、亚洲新兴市场经济体以及石油输出国的经常账户失衡。经常账户的失衡及美元本位的国际货币体制进一步引发了相应国家资本与金融项目的失衡。同时，不同国家国际收支上表现出的外部不平衡同时也是其国内投资储蓄不平衡的映像。其次，虽然从国家和地区角度看，不同国家和地区处于国际收支、投资储蓄失衡状态，但从全球经济的角度来看，经常账户赤字国的过度消费解决了盈余国的内需不足，而经常账户盈余国的过度储蓄又为赤字国家的投资储蓄缺口提供了源源不断的融资，二者形成了一种双循环与双依赖的共生模式和格局。再次，世界经济失衡是一种动态的发展着的失衡，失衡的程度伴随着世界经济的发展会发生或加剧或缓和的变化和调整。同时，世界经济的发展也会随失衡的发展表现出相应的周期性特征。

（二）衡量世界经济失衡指标的选择

由于世界经济失衡被认为是此次次贷危机的重要诱发因素，为避免重蹈覆辙，建立一套得到各国认可的、衡量世界经济失衡的指标体系就显得急为迫切。依据这些"共同标尺"，国际社会就可以直观而准确地评估各国经济失衡的状况，并及时采取预防和纠正措施，通过国际多边合作缩小不同国家经济失衡的程度，促进全球经济的可持续发展。

为此，世界主要国家在 G20 机制内就建立衡量世界经济失衡的指标进行了数轮对话与协商，并初步达成了一定的共识。2010 年 10 月，美国在韩国 G20 财长和央行行长会议上提出，通过对经常账户盈余和赤字设定上限，来解决全球贸易失衡问题。2011 年 2 月，G20 财长和央行行长会议在巴黎召开。作为主办国，法国提议采用公共赤字和债务、私人储蓄率、经常项目余额、外汇储备和实际汇率来衡量全球失衡状况。其中，后三项用于确定一国外部经济失衡，其余用于界定一国内部经济失衡。并且，法国希望在 2011 年底能够运用这些指标对二十国集团成员国存在的经济失衡进行首次评估。

经过数天的讨论，在巴黎 G20 财长和央行行长会议落幕之际，各国就建立衡量世界经济失衡指标达成了一定的共识。会后发表的联合声明显示，各国达成的衡量世界经济失衡的指标主要包含两方面内容：第一，确定将公共债务、财政赤字、私人储蓄率和私人债务作为衡量指标；第二，衡量由贸易账户和净投资收益与转移账户引发的外部不平衡时，适当考虑汇率因素以及财政、货币和其他政策。尽管此次达成的指标并没有设定具体的限制数值，对各国不具备约束力，但毕竟为解决世界经济失衡问题迈出了第一步。接下来，各国将为上述指标制定"指示性方针"，并在此基础上分析失衡原因，就如何解决失衡制定政策建议。

由于世界经济失衡在各方面有不同的表现，衡量世界经济失衡的指标也应相应选取那些能从不同方面反映全球失衡程度的指标，这样才能使国际社会对全球经济的失衡状况有一个直观、全面的认识，从而及时采取调整措施，防止类似于次贷危机的全球性经济危机再次发生。但由于经济失衡及调整的全球化和由此带来的成本及收益的国别化间的矛盾，使得各国在确定指标的过程中充满了争议和冲突。这就决定了在未来指标具体数值的确定，调整政策的实施以及国际监管等方面的国际协商中，各国还需要进行不断的磋商和协调，短期内难以取得实质性的突破。

总之，全球经济过度失衡给各国经济带来的潜在风险是国际社会进行失衡问题协商的基础，只有各国在合理分担调整的成本与风险，采取一致政策行动的情况下，世界经济失衡问题才能得到真正的缓解。

二、世界经济失衡形成的原因

（一）储蓄投资论

储蓄投资论者认为，世界经济的失衡源自全球范围内不同国家内部投资储蓄的失衡。根据国民收入和支出等式，一国经常账户差额应等于该国国内储蓄与国内投资的差额，美国等国的经常账户赤字表明其国内存在投资储蓄缺口，而该缺口需要其他经常账户顺差国的过剩储蓄来为其融资，不同国家投资储蓄关系失衡导致了世界经济的失衡。

对于美国低储蓄率的原因，有的研究归于公共储蓄不足，政府赤字增加。也有研究指出美国的低储蓄率主要是由于美国的私人储蓄率低，财政赤字对于美国经常项目赤字影响不大，而对于私人储蓄的减少又归因于低利率引起的资产价格上升，特别是房地产业膨胀引起的财富效应。而对于低利率的原因，有分析认为是货币政策的原因，也有分析指出是新兴国家的外汇储备流入美国国债市场压低了市场长期利率。另外从新兴国家的储蓄——投资缺口分析认为，原因在于新兴国家的储蓄过度或者投资减少，就投资而言，东亚金融危机后投资的减少是否是长期的也存在争议。

Mann（1999）从投资储蓄的角度考察了美国的经常项目赤字，认为经常项目赤字和财政赤字存在很强的正相关性。Roubini 和 Sester（2004）、Cline（2005）提出了"双赤字假说"，即美国的赤字财政政策是造成经常账户赤字的重要因素。财政赤字的增加一方面通过减少公共储蓄恶化了经常项目赤字；另一方面，赤字财政政策鼓励了美国的消费、投资与进口，降低了私人储蓄，进一步恶化了经常项目赤字。"巨额的贸易和经常项目逆差反映了美国旺盛的需求和较低的储蓄"，Mckinnon（2004）认为，美国的财政赤字不仅是其经常账户逆差的源头，而且已经成为严重的全球性政策问题。其他学者如 Cooper（2005）、Mann（2004，2005）认为，美国的低储蓄率是美国经常账户逆差的主要原因。因为历史数据显示，美国居民的消费无论在财政赤字还是财政盈余时期都很旺盛，家庭净储蓄一直处于下降状态，由此造成了美国经常账户的逆差。李向阳（2006）指出，2000 年之前，美国经常账户恶化主要源于私人投资率太高，投资率在泡沫经济崩溃之后下降，此后经常账户恶化更多反映了储蓄率的降低。

国际货币基金组织（2006）提出，全美储蓄率的下降是造成美国经常项目逆差的主要原因，由于美国国内的过度消费，导致其国内出现严重的储蓄不足，使美国必须大量吸收国外储蓄以维持美国经济的持续增长，从而形成美国巨大的经常项目赤字，最终导致美国与其他国家间的贸易失衡。

与认为美国是此次失衡源头的"过度消费论"不同，以现任美联储主席 Bernanke（2005）为代表的一些学者提出了"全球储蓄过剩论"，认为引发世界经济失衡的主要原因是全球的过剩储蓄，而非美国的过度消费。他们认为，亚洲新兴市场经济体在遭受 1998 年金融危机后，都致力于通过提高储蓄率，积累大量外汇储备以应付可能出现的国际资本市场和外汇市场的动荡；同时，石油输出国受益于 21 世纪以来国际石油价格高企，积累了大量的石油美元；再加上德国和日本等主要工业国家的高储蓄，使得"全球储蓄过剩"。全球过剩储蓄限于这些经济体的投资机会有限及保值增值的要求，回流进入美国资本与房地产市场，提高了资产价格，所产生的财富效应又刺激了美国居民的消费与进口，降低了美国居民的储蓄，造成美国经常项目逆差扩大。

而国际货币基金组织在《2005 年亚非地区报告》及 2006 年 9 月的《世界经济展望》中提出了"投资不足论"，指出亚洲许多国家的储蓄投资差额是由于该国的投资率下降造成的，"从全球来看，除中国外，即使是经济最具活力的东亚发展中经济体的投资增长近几年都很缓慢。"因此，"问题不是储蓄过剩，而是投资匮乏（Investment drought）"。

基于这种框架的研究大多认为美国应削减财政赤字，提高利率，增加私人储蓄，而亚洲国家减少储蓄来调整世界经济失衡。也有研究从人口的年龄结构方面来解释各国储蓄投资的变化，认为当前的储蓄和投资关系是长期的，只有人口结构的改变才能最终改变这种失衡。

（二）中心 – 外围论

自布雷顿森林体系崩溃之后，经过几年短暂的动荡时期，除日元、欧元、英镑等少数货币对美元实行自由浮动之外，其他国家货币或多或少与美元建立了一定的联动关系。尤其是亚洲金融危机之后，东亚国家纷纷重新将其货币钉住美元，国际货币体系"就像布雷顿森林体系的再生"。以 Dooley 等为代表的学者认为，当前的国际货币体系由中心国家和外围国家组成，中心国家（美国）拥有发行作为国际储备资产的货币（美元）的特权，因此可以通过大量印钞实现超出自身产出规模的消费。外围国家（新兴市场经济国家）在推行出口导向型发展战略追赶中心国家的过程中，通过低估本币汇率来促进出口推动的经济增长，其结果是外围国家对中心国家贸易顺差不断增加，并大量持有中心国家发行并以中心国家货币标价的国际储备资产。（Dooley et al.（200）3）

McKinnon（2005）认为，国际货币体系的美元本位制使得美国成为"唯一可以有本国货币巨额负债的国家，它不易遭受债务以外币定值的其他国家一般会遭到的风险"。美国国际借款面临的软约束最终造成了美国的低储蓄率。李扬和余维彬（2006）认为，东亚新兴市场国家源于"货币错配"的"软"钉住美元制度使得汇率在调节国际收支方面难以发挥作用。陈炳才（2007）从货币制度安排、货币发行、流通与回笼角度分析了美国经常项目逆差与资本项目顺差，认为国际经济失衡是目前国际货币制度的必然结果。

（三）产业调整与国际分工论

持该观点的学者们认为，随着经济全球化的进一步深入发展，世界各国加快了以各自比较优势为基础的产业调整与国际分工。胡晖和张自如（2006）在综合国外学者研究基础上认为，世界经济失衡源于中心国在金融市场上的比较优势以及外围国在产品市场上的比较优势而导致的储蓄—投资缺口，同时，美国的过度消费和外围国的储蓄过剩互为补充，二者形成了共生模式和双赢格局。姚洋（2009）通过分析赤字方与盈余方的国家类型指出，以美国、英国和澳大利亚为代表的赤字国都是盎格鲁—撒克逊资本主义模式的典型，而盈余方的国家大体上可分为三类，即传统制造业强国（如德国和日本）、新兴的"世界工厂"（尤其是中国、巴西），以及石油输出国。盎格鲁—撒克逊资本主义模式的特点是金融部门尤其是资本市场特别发达。这些国家的比较优势在于金融，而它们的制造业则出现"空心化"现象。盈余国的比较优势或在于高端消费品和高附加值产品制造上，或在于廉价且较高素质的劳动力，抑或在于丰富的石油资源。全球化促使各国专业化于具有比较优势的经济活动，世界经济失衡只是全球劳动分工的一个副产品。

随着生产要素跨国流动的趋势进一步增强，还有学者从跨国公司全球配置资源的角度分析了国际产业分工对世界经济失衡的作用。

周小川（2006）认为，随着 IT 革命和基础设施的改善，全球化、跨国外包、供应链重组处于加速阶段，而世界各国按其比较优势格局的重组存在时间差，表现为发达国家创造新就业机会和新出口优势的时间往往滞后于劳动成本密集型生产和服务外包至中印等国家的时间，在这段滞后期中，双方贸易的不平衡将扩大，而跨国公司的直接投资在其中起了很大的作用。

张幼文（2006）、吴晓灵（2006）认为亚洲国家的对外、对美贸易顺差，特别是中国对美贸易的顺差，是在比较优势原则下跨国公司在全球配置资源的结果。尹翔硕（2007）提出，信息技术革命的深入使得跨国公司对外直接投资和跨国生产外包为重要内容的产业内垂直分工很大程度上增强了贸易不平衡的趋势。陈凤英（2009）也表达了同样的观点，并认为生产国际化是造成全球不平衡发展的直接原因。跨国公司的投资、生产以及销售活动直接放大了全球的贸易不平衡。

当然，学者们的观点也并非如上文所划分的那样泾渭分明，部分学者兼而有之，力求全面，但不论何种观点，他们都是从各国经常账户或资本账户的不平衡出发，探究造成不平衡的经济因素。造成此次世界经济贸易失衡的主要原因是，在信息技术革命及经济全球化背景下，跨国公司依据各国比较优势在全球范围内配置资源的结果。首先，从"二战"后历次世界经济失衡发展的历史来看，每次失衡的产生都与发达国家和发展中国家间的产业调整与转移相联系。随着经济全球化及国际分工的发展，发达国家以 FDI 等形式不断向国外转移劳动密集型等低附加值产业，本国则集中经济资源发展高技术产业、服务业，对于低端产品的需求则通过国外进口来满足。而其高端产业产品的出口由于种种原因往往不能弥补其进口低端产品所造成的经常账户赤字。其次，产业转移与调整的主体是跨国公司。产业转移与调整的过程同时也是跨国公司依据各国比较优势在全球范围内配置资源的过程。自经济全球化以来，跨国公司一直扮演着经济全球化的主要推动力量，其身影遍布于世界各国间的贸易、投资等活动。尤其进入 20 世纪 90 年代以来，随着信息技术的发展及全球化的深入，生产的国际分工及生产要素的国际化流动使得跨国公司可以在全球范围内更有效地配置其生产、销售。再次，国际货币制度和各国政策安排并非是造成此次失衡的根本性原因，但加剧了失衡的程度。美元本位的国际货币制度加强了美国金融业在全球的比较优势地位，进而使流动性集中在美国。但在现有全球分工格局下，即便各国外汇资产不以美元标价，其仍将会把贸易盈余转换为金融优势国资产以求保值增值，失衡状况不会得到根本改变。各国的宏观经济政策也对失衡的发展起了一定的推波助澜的作用。如美国的赤字财政政策与低利率货币政策、东亚各国的各种出口导向型政策，以及汇率钉住制度等，都加剧了世界经济在经常账户和资本账户的失衡。所以，现行的国际货币体系，各国宏观经济政策并非失衡的根源，但无疑加剧了世界经济发展的失衡。另外，根据 CA = S − I，一国经常账户差额应等于该国国内储蓄与国内投资的差额。不同国家的国际收支失衡与投资储蓄失衡不能简单地说谁是因谁是果，二者只是世界经济失衡在不同方面的表现，犹如一枚硬币的正反面。因此，造成此次世界经济贸易失衡的主要原因是在信息技术革命及经济全球化背景下，跨国公司依据各国比较优势在全球范围内配置资源的结果。其表现为不同国家经常账户与资本账户的失衡，同时投资储蓄的失衡、现行的国际货币体系，以及各国的宏观经济政策又加剧了全球经济的失衡。

三、世界经济失衡的可持续性

除了引起世界经济失衡的原因外，这一失衡状态是否可持续也是争论的焦点。

关于可持续性的定义，多数学者认同 Mann 等（2004）的观点，即"经济的外部失衡所产生的经济压力不会改变失衡原来的发展轨迹。"Dooley 等（2003，2004）指出，在新布雷顿森林体系下，"中心"国家凭借其金融优势，在吸收"外围"国家短期资本的同时输出长期资本。"外围"国家则通过对"中心"国家的贸易盈余弥补了内需缺口，促进了经济发展，双方总体上是一种双赢的局面，只要新兴市场经济体仍然处于"外围"国家的行列，这种"双循环"机制就会持续下去。McKinnon 和 Schnabl（2004）从美元体系具有不对称性角度出发，认为美国可以通过单方面地向世界无限制借款，所以这一体系是可维持的。David Dodge（2006）认为，由于非弹性的劳动力市场、不适宜的财政政策、各国现存的贸易壁垒、功能不全的资本市场以及市场均衡机制无法按其正常的运行机制和方式运行，世界经济范围内的经常账户失衡将有可能持续。陈继勇和胡艺（2007）认为，如果将无形资产的出口考虑进美国经常项目交易，当前的世界经济失衡并不像官方数据显示的那样严重，失衡在一段时间内是可持续的。

而 Eichengreen（2004）、Obsfeld 和 Rogoff（2004）则认为，建立在"外围"国家对美元信心基础之上的新布雷顿森林体系并不是一套完整的有约束力的固定汇率机制。各个国家的个别利益可能引发竞相抛售美元的做法将导致该模式的崩溃。警示"政策制订者应将美国的经常账户逆差视为悬在全球经济之上的'达摩克利斯之剑'"，并及早对世界经济失衡进行调节。赵夫增（2006）进而指出，这种美元的信用基础在于偿还问题，即当前的贸易赤字要靠未来的贸易盈余偿还。所谓的布雷顿森林体系会因人们对偿还问题的担心而崩溃。

其他一些学者从美国资本账户是否有可持续资金流入的角度出发，分析了世界经济失衡的可持续性。IMF 研究局局长 Rajan 认为，"尽管外国官方机构在增加购买美国金融资产，但目前持有美国资产的主体仍然是私人而非中央银行……一旦私人投资者认为美国贸易赤字难以解决而不愿再向其融资，则美元存在破裂性贬值的可能。"Mitsuru Taniuchi（2006）认为，美国经常账户赤字会因美元资产收益下降，外国资本投资多元化而得到改善。姚枝仲（2006）通过分析 2004 年美国经济相关数据，认为即使美国的对外债务/GDP 能收敛于 94%的水平，美国的贸易逆差和对外债务也很可能是不可持续的。而李扬（2006）则认为，世界经济失衡的格局在相当长时期内还将延续，东亚官方机构是否持续增加持有美国金融资产是当前世界经济失衡是否可维持的关键。

2007 年下半年随着次贷危机的爆发，学者们开始从金融危机角度研究世界经济失衡的可持续性问题。Caballero 等（2008a，b）认为，失衡与危机都源于私人投资者、各国央行以及美国金融机构对安全债务工具的过度需求。这导致了美国国际收支账户的不平衡以及国内金融资产的过度证券化。虽然危机的爆发暂时缓解了世界经济失衡的程度，但只要对安全资产的过度需求存在，随着实体经济的恢复，世界经济失衡将持续下去。Portes 等（2009）认为，世界经济失衡一方面使得全球金融中介机构过度发展，另一方面造成全球流动性过剩及低利率，刺激了信贷的增长和投资行为，在金融监管不足的情况下，最终导致了危机的爆发。Obsfeld 和 Rogoff（2009）认为，世界经济失衡与次贷危机的爆发是密切相关的。美联储的货币政策、信贷市场的扭曲、金融创新制造的有毒资产以及美国以外国家的汇率政策共同催生了美国的资产泡沫。与世界经济失衡导致金融危机的观点不同，Stigliz（2009a）认为，金融危机的根本原因在于美国金融部门的短视和过度冒险行为，以及决策和监督者没有履行好监督的责任。而外国购买美国证券的行为，使美国自己制造的风险分散到全世界，在这一过程中，美国得到的好处要超过其害处。美国强调全球失衡问题，实际上是把责任推卸至世界其他国家。所以，在它看来，全球失衡固然不可持续，而且可能对未来的全球稳定造成威胁，但这并不是金融危机爆发的原因。

Servén 和 Ha Nguyen（2010）从全球资本流动格局的角度出发，认为世界经济失衡是全球金融市场及主要经济体结构性扭曲的结果，危机前后，全球资本流动格局并没有发生根本性改变。只要各国政府不采取措施纠正这种结构性扭曲，世界经济失衡将逐步恢复到危机前的水平。李扬（2009）认为，次贷危机并没有根本改变国际产业分工格局。Cynamon & Fazzari（2009）指出，危机过后，由于消费惯性的存在，美国居民的消费仍将维持在高位，从而推动贸易逆差增大。雷达和赵勇等（2010）认为，次贷危机是美国居民过度需求以及外围国家过度生产进行的纠偏调整的表现形式，但当前的国际金融格局不会有根本改变，世界经济失衡的状况将会继续持续。

结合当前已有研究可以看出，影响世界经济失衡可持续性的因素很多，既有贸易层面的，也有资本流动层面的，乃至以美元为主体的国际货币体系。虽然学者对于是否是世界经济失衡引发了金融危机还存在分歧，但都没有否认二者存在着密切的联系。综合来看，世界经济失衡由于金融危机的爆发从短期看会有进一步调整和改善。首先，从经常账户赤字方来看，由于美国资产价格泡沫破灭引发的居民财富缩水、信贷紧缩、去杠杆化等将导致美国居民消费减少与储蓄意愿增强，这些都有助于改善美国经常项目赤字；其次，处于盈余方的新兴经济体在金融危机后都加快了国内产业调整与升级的步伐，刺激消费，扩大内需，增加对新能源等产业的投资与政策支持力度等，这有助于新兴经济体减少对外需的依赖，转变出口导向型的经济增长模式；再次，为应对危机，世界各国加强了国际间与区域间的金融协调和合作，部分国家还提出了改革国际货币体系的一些设想并进行了努力。但是，从长期来看，国际产业分工格局难以发生根本逆转，以跨国公司为主导的国际产业转移趋势并没有改变。而美国则限于技术创新周期的影响，实体经济缺乏增长点，贸易赤字很难有大的改变。此次金融危机可以看作是对过度失衡的一次回调，危机过后，由于路径依赖，世界经济将依然会处于失衡的状态中。而且，各国产业结构的调整、国际货币体系的改革，都将是一个长期的各方利益博弈的过程，其中充满了不确定性。

四、世界经济失衡的调整

Alan Ahearne（2007）指出，"全球国际收支失衡调整主要有两条路径：一是主要国家通过政策协调实施主动调整；二是听任全球失衡发展下去，由金融市场情绪变化触发被动调整。前一条路径是渐进式和非破坏性的调整，而后一条路径是爆发性和破坏性的调整。"虽然金融危机爆发前已有不少学者提出了调整建议，但世界失衡的加速调整则主要是在危机之后。

Roubini 和 Sester（2004）、Cline（2005）建议对美国经常项目赤字进行及早的渐进性的政策调整。Obstfeld 和 Rogoff（2005，2006）提出通过主动令美元对世界主要货币贬值 30% ~ 35%，以减小美国经常账户赤字。Bernanke（2005）认为，虽然减少美国预算赤字以及增加居民储蓄都可以缓解美国经常项目失衡，但造成失衡的关键原因——全球储蓄过度在美国的外部，因此，调整世界经济失衡的根本在于创造条件使得发展中国家改善其投资环境及采取更为灵活的汇率制度以降低全球过度储蓄，"让过度储蓄更大的份额从美国转向其余世界，特别是发展中国家。"孙杰（2005）运用博弈论分析指出，美国进行经济结构调整的同时亚洲各经济体推进亚洲债券市场建设是促进世界经济稳定发展的一种纳什均衡。姚枝仲等（2006）综合了美国贸易逆差调整的六种可能方式，即美元主动大幅度贬值，国际资本流向突然发生变化导致美元突发性被动贬值，亚洲货币主动升值，美元对世界主要货币的缓慢贬值，美国降低财政赤字，以及美国调整居民的消费储蓄和投资结构。指出在现实中，除了第一种方式不能实现以外，其他五种方式都是可行的。同时，后四种方式还可以同时实现。

次贷危机爆发后，学者们在反思危机爆发原因的基础上提出了一些新的调整失衡的政策建议。Blanchard 和 Milesi - Ferretti（2009）认为，只有采取措施纠正造成经济失衡的各种结构与系统性扭曲，才能保持世界经济复苏的稳定性。纠正扭曲政策包括增加美国私人与公共部门的储蓄，完善新兴市场国家的社会保障体系，增强政府部门对企业的监管以及对居民、中小企业的信贷支持等。Eichengreen（2010）建议成立类似于 WTO 的国际金融组织（World Financial Organization）以负责制定国际金融监管准则及监督各成员国遵守情况。周小川（2009）在总结次贷危机成因基础上，提出了改革国际货币体系的建议，即应创造一种与主权国家脱钩、并能保持币值长期稳定的国际储备货币，以充分发挥具有超主权储备货币特征和潜力的特别提款权的作用，从而避免主权信用货币作为储备货币的特里芬难题。Stigliz（2009b）也指出，美元储备制度造成了全球的不稳定和全球总需求的不足。而中国提出的以新的国际储备货币或者特别提款权（SDR）取代美元全球储备货币地位的设想，不仅可以明显减少对币值扰动的担忧，有助于发展中国家削减外汇储备规模，进而刺激全球总需求，还可以分散货币风险，有利于增强全球经济的稳定性。

五、中美经济失衡及调整

尽管不少学者指出中国对失衡负有某种责任（Eichengreen，2004a；Gofdstein and Lardy，2003），但多数国内学者认为，中国只是被动积累自己的外汇储备，而且成本越来越大。中国也希望更多地进口和向外投资。但一来中国希望的进口或多或少地被美国和欧盟所控制，二来中国的对外投资有时也被看成政治上的威胁。因此，重点应该是帮助中国进口更多的技术密集型产品来减小失衡的规模，此外，在中国取消资本流出限制的同时，EU 和美国也必须创造条件鼓励中国企业在其工业和服务业部门投资（Xu Mingqi，2006）。

对于中美间的经济失衡，不少西方学者还将责任推给了中国的汇率政策，认为中国应该允许人民币大幅度的升值。Mussa（2005）、Eichengreen（2005）在提出解决全球失衡对策时认为，发展中国家货币尤其是人民币汇率应大幅升值。Frankel（2004）、Goldstein（2004）分别测算出 2000 年和 2003 年人民币币值被低估 35% 和 15% ~ 35%。相应的人民币应升值 30% 左右。但许多学者对这一论调提出了质疑。李稻葵和李丹宁（2006）通过对 1980 ~ 2004 年中美贸易的宏观数据进行计量分析的结果表明，人民币对美元的名义汇率和实际汇率的变化对于中国对美国的出口以及中国从美国的进口的变化都没有任何统计上显著的相关性，认为人民币升值无助于改善中美经济失衡。Stigliz（2010）也多次撰文指出，人民币保持稳定对于稳定地区形势起了重要作用，尤其是金融危机后，人民币的稳定有助于该地区经济保持强劲增长，而世界都从这种增长中受益。美国强迫中国上调人民币币值有动摇世界经济复苏根基的危险，而且可能造成真正的全球贸易扭曲。

除了从人民币汇率角度，我国部分学者还从其他视角研究了中美经济失衡的解决之道。余永定（2007）通过分析中国的双顺差现象，指出是中国的出口鼓励政策和结构性原因导致中国长期保持经常项目顺差；中国的引资优惠政策则导致了中国的资本项目顺差。而失衡结构的再平衡需要政策变化为先导，并相应提出了采取更为灵活的人民币汇率，取消鼓励吸引 FDI，鼓励出口导向的优惠政策等一系列措施，实现中国增长模式的转换。姚洋（2009）认为，应通过建立跨国界的金融资产如特别提款权以及区域货币基金来削弱赤字国的金融优势，达到调整经济失衡的目的，而中国必须进行结构性调整，特别是加速城市化进程和改革金融体系。城市化的目标是提高国内消费，改革金融体系的目标是更好地利用经常账户盈余所提供的储蓄。雷达和赵勇（2009）认为，中国无法通过单方面的政策或战略调整来实现宏观经济的内外平衡，中美经济失衡的调整必须是结构性的和多边框架下的调整。

总结以上观点，可以看出危机前后，学者们主要是从三个方面提出了世界经济失衡的解决方案。以中国为代表的东亚新兴经济体方面，对内主要是调整国内产业结构，改善国内投资环境；对外是本币对美元升值，以降低贸易盈余与外汇储备。美国方面主要是对内缩减财政赤字，提高利率，提高居民储蓄意愿；对外令美元主动贬值，改善国际收支。从国际货币体系方面，主要是建立独立于主权国家的国际储备货币或者是重新分配特别提款权，建立国际组织以加强国际金融监管，加强区域性国际货币合作等。无论何种解决方案，在经济高度全球化的今天，全球性经济问题的解决离不开世界各国的共同参与，单靠一方的努力或是相互指责乃至采取贸易保护主义措施都是无法解决的。因此，主要国家的宏观经济政策的协调与调整是世界经济失衡调整成功与否的关键。

（本文写于 2010 年 10 月）

参考文献

一、英文文献

Acharya, V. & P. Schnabl (2009), "Do global banks spread global imbalances? The case of asset – backed commercial paper during the financial crisis of 2007 – 09", unpublished manuscript.

Bordo, M. D. (2005), "Historical Perspective on Global Imbalances", NBER Working Papers 10992.

Bernanke, B. S. (2005), "The Global Saving Glut and the US Current Account Deficit", Updates speech given on 10 March 2005 at the Sandridge Lecture, Virginia Association of Economists, Richmond, Viginia.

Blanchard, O. & G. Milesi – Ferretti (2009), "Global imbalances: in mid-stream", IMF Staff Position Note.

Caballero (2006), "On the Macroeconomics of Asset Shortages", MIT Department of Economics Working Paper. No. 06 – 30.

Caballero, Farhi & Gourinchas (2008a), "An Equilibrium Modle of 'Global Imbanlances' and Low Interest Rates", American Economic Review, Vol. 98 (1).

Caballero, Farhi & Gourinchas (2008b), "Financial Crash, Commodity Prices and Global Imbalances", NBER Working Paper, No. 14521.

Caballero (2010), "The other imbalance and the financial crisis", NBER Working Paper 15636.

Cooper (2005), "Living with Global Imbalances: A Contrarian View", Institute for International Economics, No. PB05 - 3.

Dooley, Folkerts - Landau & Garber (2002), "An Essay on the Revived Bretton WoodsSystem", NBER Working Paper, No. 9971.

Dooley, Folkerts - Landau & Garber (2004a), "Direct Investment, Rising Real Wages and the Absorption of Excess Labor in the Periphery", NBER Working Paper, No. 10626.

Dooley, Folkerts - Landau & Garber (2004b), "The US Current Account Deficit and Economic Development: Collateral for a Total Return Swap", NBER Working Paper, No. 10727.

Eichengreen, B. (2004), "Global imbalances and the lessons of Bretton Woods", Cambridge: NBER Working Paper, No. 10497, 2004.

Eichengreen, B. (2006), "Global imbalances: the new economy, the dark matter, the savvy investor, and the standard analysis", Journal of Policy Modeling.

Eichengreen, B. (2010), "The Financial Crisis and Global Policy Reforms", forthcoming in Asia and the Global Financial Crisis, Federal Reserve Bank of San Francisco, San Francisco.

Issing (2005), "Addressing global imbalances: the role of macroeconomic policy", Contribution to the Banque de France symposium on 'Productivity, Competitiveness and Globalisation'. Paris, 4.

Hausmann & Sturzengger (2006), "Global Imbalance or Bad Accounting? the Missing Dark Matter in the Wealth of Nations", CID Working Paper, No. 124, Harvard University.

IMF (2005), "Globalization and External Imbalances", World Economic Outlook.

Mann (1999), "Is the US trade deficit sustainable?", IIE Publications, ISBN

Papers: 0881322644.

Mussa (2004), "Exchange Rate Adjustments Needed to Reduce Global Payments Imbalance", in Bergsten, C. F. and J. Williamson (Editors): Dollar Adjustment: How Far? Against What? , Institute for International Economics, Washington D. C.

Obstfeld & Rogoff (2004), "The Unsustainable US Current Account Position Revisited", NBER Working Paper, No. 10869.

Obstfeld & Rogoff (2005), "Global Current Account Imbalances and Exchange Rate Adjustments", Brookings Papers on Economic Activity, Vol. 2005 (1) .

Obstfeld & Rogoff (2009), "Global Imbalances and the Financial Crisis: Products of a Common Cause" .

Portes (2009), "Global imbalances", In Mathias Dewatripont, Xavier Freixas, and Richard Portes, editors, Macroeconomic Stability and Financial Regulation: Key Issues for the G20. London: Centre for Economic Policy Research.

Roubini & Setser (2004), "The US as a Net Debtor: The Sustainability of the US External Imbalances", http: //pages. stern. nyu. edu/ ~ nroubini /papers/Roubini – Setser – US – External – Imbalances. pdf.

Roubini (2009), "Will the Bretton Woods 2 (BW2) Regime Collapse Like the Original Bretton Woods Regime Did The Coming End Game of BW2", http: // www. rgemonitor. com/.

Rato (2005), "Correcting Global Imbalances – Avoiding the Blame Game", IMF News, 2005.

Stigliz (2008), "The Triumphant Return of John Maynard Keynes", Projesct Syndicate, 2008 – 12 – 05.

Stigliz (2009a), "Interpreting the Causes of the Great Recession of 2008", Lecture to have been delivered to the Bank of International Settlements Conference, Basel, Switzerland, 2009 – 06.

Stigliz (2009b), "The Coming Demise of the Dollar Reflects the Rise of the Rest" . Interview with Nanthan Gardels, Huffington Post, 2009 – 04 – 21.

二、中文文献

陈凤英，2009：《当前全球经济失衡问题研究》，《亚非纵横》第 6 期。

胡晖、张自如，2006：《全球经济失衡理论研究评述》，《经济学动态》第 11 期。

李向阳，2006：《全球经济失衡及其对中国经济的影响》，《国际经济评论》第 3 - 4 期。

雷达、赵勇、孙瑾，2010：《金融危机下的全球经济：从失衡到平衡》，《世界经济研究》第 3 期。

李扬、余维彬，2006：《全球经济失衡与中国经济发展战略》，《全球经济失衡与中国经济发展论文集》，北京：经济管理出版社。

李扬，2009：《审视全球经济失衡》，《财经》第 235 期。

李若谷，2006：《全球经济失衡下的中国经济发展》，《全球经济失衡与中国经济发展论文集》，北京：经济管理出版社。

李稻葵、李丹宁，2006：《中美贸易顺差根本原因在哪里》，《国际经济评论》第 9 - 10 期。

刘威，2008：《全球经济失衡的调整重心及中国的参与策略》，《武汉大学学报（哲学社会科学版）》第 4 期。

斯蒂格利茨，2009：《诺贝尔经济奖得主：美国经济问题要靠自身解决》，新华网。

孙杰，2006：《亚洲债券市场的发展与全球性国际收支失衡的调整》，《世界经济与政治》第 1 期。

王宇，2007：《全球经济——失衡与均衡的经济学分析上、下》，《中国货币市场》第 5、8 期。

吴晓灵，2006：《加强合作，构建稳定的国际经济金融体系》，《全球经济失衡与中国经济发展论文集》，北京：经济管理出版社。

吴易风，2010：《当前金融危机和经济危机背景下西方经济思潮的新动向》，北京：中国经济出版社。

姚洋，2009：《如何治愈全球经济失衡》，《中国金融》第 18 期。

姚枝仲、齐俊妍，2006：《全球国际收支失衡及变化趋势》，《世界经济》第3期。

尹翔硕，2007：《试论技术进步与贸易平衡》，《全球经济失衡与中美经贸关系》，上海：上海社会科学院出版社。

余永定，2008：《全球失衡下的中国》，Paper Retrospect，No. 0901.

余永定，2010：《见证失衡——双顺差、人民币汇率和美元陷阱》，Working Paper，No. 2010W02.

张燕生，2006：《全球经济失衡条件下的政策选择》，《国际经济评论》第3 - 4期。

张幼文，2006：《要素流动与全球经济失衡的历史影响》，《国际经济评论》第3 - 4期。

赵夫增，2006：《经常账户失衡格局下的世界经济共生模式》，《世界经济研究》第3期。

周小川，2006：《中国的贸易平衡和汇率有关问题》，《全球经济失衡与中国经济发展论文集》，北京：经济管理出版社。

对世界经济失衡的再思考

席卷全球的金融危机爆发以来，世界经济发生了许多新的变化。这些变化已经在一定程度上影响到了危机前即存在的世界经济发展失衡态势。那么，危机过后世界经济失衡格局是否还会持续下去，如果失衡持续，它将会有哪些新的变化，这将是本文所思索和探讨的问题。

要回答这些问题，就有必要首先分析一下造成此次世界经济失衡的深层次原因。

对于此次失衡的成因，国际上有两种颇为流行的观点。一种是以前任美联储主席 Bernanke 为代表的一些学者提出的"全球储蓄过剩论"。所谓的"过剩储蓄"主要来源于三个方面，一是亚洲新兴经济体依靠出口贸易积累的巨额外汇储备，二是石油输出国以输出石油换回的大量石油美元，还有就是德日等主要工业国的高储蓄。他们认为，这些"过剩储蓄"限于这些经济体有限的投资机会以及保值增值的要求，通过美国资本账户回流进入美国资本与房地产市场，提高了其国内的资产价格，所产生的财富效应又刺激了美国居民的消费与进口，降低了美国居民的储蓄，从而造成美国经常项目逆差扩大，最终形成现在的世界经济失衡格局。另一种观点是以 Dooley 等学者为代表提出的新布雷顿森林体系说。他们指出，自 1971 年布雷顿森林体系崩溃以来，世界各国货币间的汇率安排呈现固定汇率制与浮动汇率制并存的局面。但实行浮动汇率制的国家基本限于世界主要发达经济体，其他国家的货币或多或少与美元建立了一定的联动关系。尤其是亚洲金融危机之后，东亚国家纷纷重新将其货币钉住美元，国际货币体系"就像布雷顿森林体系的再生"。在这个体系中，中心国家（美国）拥有发行作为国际储备资产的货币（美元）的特权，因此可以通过大量印钞实现超出自身产出规模的消费。外围国家（新兴市场经济国家）在推行出口导向型发展战略追赶中心国家的过程中，通过低估本币汇率来促进出口推动的经济增长，其结果就是外围国家对中心国家贸易顺差不断增加，并大量持有中心国家发行并以中心国家货币标价的国际储备资产。

先暂且不讨论其观点是否有其合理性，单从二者的立场来看，作为美国的官员、学者，他们都把造成此次失衡的"罪责"指向了经常账户盈余方国家。关于造成此次失衡的罪魁祸首，前者认为是盈余方的"过剩储蓄"，后者认为是亚洲国家钉住美元的汇率制度。假设二者的论断正确，那么，为什么形成亚洲经济体与美国间巨额贸易赤字的贸易产品结构存在如此大的互补性？为什么"过剩储蓄"会在美元贬值、外储缩水情况下仍源源不断地流向美国？这都不是简单地用低估汇率、拥有国际储备货币发行权可以解释的。我们应该如何看待解释此次失衡的原因？

从"二战"后历次世界经济失衡发展的历史来看，失衡的产生都一定程度上与发达国家和发展中国家间的产业调整与转移相联系。尤其是随着经济全球化及国际分工的发展，发达国家通过跨国企业对外直接投资等形式不断向国外转移劳动密集型等低附加值产业①，本国则集中经济资源发展高技术产业、服务业，对于低端产品的需求则通过国外进口来满足。而其高端产业产品的出口由于种种原因往往不能弥补其进口低端产品所造成的经常账户赤字。2001年美国互联网泡沫破灭后，实体经济缺乏新的增长点，金融机构和金融工具的创新得到迅速发展，从而在世界各国中建立起金融优势。而美元本位的国际货币制度进一步加强了美国金融业在全球的比较优势地位，使流动性集中在美国。各国的宏观经济政策也对失衡的发展起了一定的推波助澜的作用。如美国的赤字财政政策与低利率货币政策、东亚各国各种出口导向型政策、汇率钉住制度等，都加剧了世界经济在经常账户和资本账户的失衡。所以，现行的国际货币体系，各国宏观经济政策并非失衡的根源，但无疑加剧了世界经济发展的失衡。所以，造成此次世界经济贸易失衡的主要原因既非"过度储蓄"，也非"新布雷顿森林

---

① 美国在20世纪70年代制造及相关行业比重为36%，1983—1991年下降为28%，1991—2001年降至23%，到2002年以后已低至20%。

体系"，而是在信息技术革命及经济全球化背景下，宏观上表现为全球国际分工与产业转移，微观上表现为跨国公司依据各国比较优势在全球范围内配置资源的结果。现行的国际货币体系、各国宏观经济政策并非引发但加剧了世界经济发展的失衡。

综合以上讨论，我们就可以对此次世界经济失衡的形成、发展有了一个大体的脉络认识。首先，随经济全球化的发展，以跨国公司为主要推动力量的国际分工与产业转移得到迅速发展。一方面，由于存在劳动力比较优势，低端的劳动密集型产业由发达国家转移至市场经济逐步完善的发展中国家；另一方面，发达国家则发展自身具有资金和技术优势的高端制造业（如日德），或发展高附加值的现代服务业（如美国）。美国制造业的空心化导致了其贸易赤字的节节攀升。而美国发展现代服务业尤其是金融业形成的比较优势使得全球资本流入美国，从而推高了资产价格，刺激了消费，进一步增加了进口需求，加剧了失衡。从而使 2007 年危机爆发前的世界经济呈现出一种循环与共生的发展模式。

以上用了比较大的篇幅讨论了此次世界经济失衡的原因。只有对此次失衡的成因有了一个深入明确的认识，才能对今后，尤其是金融危机过后世界经济失衡格局的变化做出一个清晰和准确的判断。

既然国际产业分工格局是造成世界经济失衡的主要原因。那么，如果现有的国际产业分工格局不变，世界经济失衡也将持续下去，只是失衡的表现形式可能会有所变化。金融危机爆发后，许多人曾认为这正是失衡不可持续的证明，是对失衡的破坏性的纠正。但从今天来看，美国的经常账户赤字在经历了危机期间的缩小之后，从 2009 年第三季度至今又出现了较大幅度增长。中国对美国的贸易顺差更是从 2009 年 2 月的 64 亿美元增长至 2010 年 7 月的 194 亿美元。虽然我们不能据此就认为今后世界经济将重蹈 2007 年之前的覆辙，但起码说明情况没有之前人们认为的那么乐观。追溯原因仍然是金融危机的爆发并没有根本性地改变国际产业分工格局，因此国际间商品贸易格局在短期内不会改变。如果说改变，那就是美国资产泡沫的破灭在一定程度上削弱了美国在世界各国中的金融比较优势，从而改变了全球经济失衡中国际资本的流向。我们可以从近期世界经济发展的几个侧面看出其端倪。首先是亚洲国家尤其是中国外汇储备多元化步伐加快；其次是日元受到市场追捧，汇率屡创新高；还有就是国际大宗商品价格创出阶段性新高。这些现象说明在美国金融优势受到削弱，实体经济增长乏力的情况下，国际资本在安全性与收益性要求下流向出现了新特点，即分散化与多元化。

因此，在技术革命没有获得突破与产业化应用的前提下，此次世界经济失衡将持续下去。但其失衡格局将会出现新的变化。从国际商品流动来看，由于国际产业分工格局并没有根本改变，国际贸易格局也不会有大的改变。虽然奥巴马政府签署了美国制造业促进法案，欲重振美国制造业，但其有效性值得怀疑，而且其振兴的主要是高端制造业，新兴经济体与美国间的互补性贸易逆差仍将持续下去。由于泡沫刺激的过度生产与过度消费在金融危机爆发后存在过度回调的现象以及美国居民消费的刚性与惯性，预计赤字规模在一段时间恢复后将基本稳定在一定水平。而新兴经济体之前过度依赖出口导向的经济增长模式也将得到调整。随着国内工业化、城镇化的进程，内需将成为拉动其今后经济增长的主要动力，相应的原有劳动力比较优势也将发生变化。低附加值的劳动密集型产业将在一国内部呈阶梯式或国家间呈雁阵式转移。但总体上不会影响到与发达国家间的贸易赤字水平。国际资本流动方面，金融危机后，美国国内金融中介机构的破产兼并、消费去杠杆化、强化的金融监管都大大削弱了美国的金融优势，尽管优势仍在，但这无疑极大提升了其他国家资产对国际资本的吸引力。由于发达经济体经济增长乏力，新兴经济体增长态势稳定，今后国际资本的流向将在安全性与收益性之间平衡，呈现分散化与多元化的趋势。总之，得益于新兴经济体国家持续的工业化进程，世界经济总体上仍将呈现平稳增长态势，但由于危机过后发达经济体经济增长缺乏新的增长点，世界经济总体增长速度会比危机前有所下降。

（本文写于 2010 年 10 月）

"无就业复苏"或"低就业增长"
——美国经济复苏期的新特点

国际金融危机引发的经济衰退过后，美国经济再次遭遇"无就业复苏"。而且，此次"无就业"的程度较前两次进一步加深。随着这一现象在近三次经济周期中的反复出现，"无就业复苏"或"低就业增长"很可能成为未来美国经济扩张期的常态。

一、引言

2007年12月，受国际金融危机的冲击，美国经济结束了长达6年的经济扩张期，陷入长达18个月的收缩期，直至2009年6月才触底复苏。与1990—1991年和2001年的经济衰退类似，本轮经济复苏也出现了就业复苏滞后于经济复苏的现象，即"无就业复苏"，而且本轮经济复苏过程中的就业形势更加严峻：失业率长期居高难下，"无就业复苏"程度较前两次进一步加深。根据当前形势判断，"无就业复苏"或"低就业增长"将成为美国经济下一个扩张周期的显著特点。这不仅对美国经济走势和政策导向产生较大的影响，也直接关系全球经济扩张的力度和时间。

自美国首次出现"无就业复苏"（1991年）后，关于这方面的研究就已经开始了。Gordon（1993）计算发现，在"无就业复苏"的第一年（1992年），美国每小时产出的年增长率达到了3.2%，创16年以来最快的增速，因此他认为1992年美国经济复苏阶段生产率的快速提升，降低了企业对劳动力的需求，从而使美国经济出现了"无就业复苏"的现象。而随着这一现象在本世纪初的再度出现，相关的研究成果开始丰富起来，学者们研究的视角也越来越多元化。

Schreft（2003，2005）、Bachmann（2009）认为，即时雇佣制度（just-in-time employment）的广泛采用是造成"无就业复苏"的主要原因，即在经济复苏阶段，企业出于对未来复苏前景的疑虑，倾向于更具有弹性的雇佣制度和工作时间安排，如用临时和兼职工作替代长期和全职工作，以及增加加班时间等。这样既可以满足企业在经济复苏阶段的劳动力需求，又可以防止经济出现波动时对企业可能形成的劳动力负担。Groshen 和 Potter（2003）则通过研究各行业的就业变化，认为劳动力在不同行业间的再分配是造成美国"无就业复苏"的重要原因。因为随着经济的发展，一个国家的不同行业会因贸易模式、产品需求、生产率增长等因素的改变出现此消彼长的变化，工作岗位也会相应地在不同行业间进行再分配。由于就业机会在不同产业间的转移需要劳动力付出更多的搜寻和培训成本以找到和适应新工作岗位的技能要求，这就延长了失业者找到合适工作的时间，经济在复苏阶段就表现出无就业状态。除此之外，Reber 和 Tyson（2004）、Gould（2004）从劳动力医疗保险成本的上升，Aaronson 等（2004a）从个体经营的发展，Schweitzer（2003）从劳动参与率的降低，Agenor（2001）、Yi Wen（2003）、Labonte 和 Levine（2003）从企业的劳动力贮藏行为等角度分析了"无就业复苏"现象产生的原因。

　　综合来看，大多数研究建立在对美国失业率、非农就业人数等总体就业数据的分析基础上，而没有深入到行业。尽管这样可以从整体上把握就业变化的趋势，但也容易忽略掉就业变化的结构性特征，从而影响到对真正造成"无就业复苏"原因的探究。即便是考虑了各行业就业变化的不同情况（Groshen & Potter，2003），也没有从美国经济周期和产业结构升级的角度对就业的结构性变化作深入的分析，从而也就无法理解代表美国产业结构调整的经济周期与就业周期的新变化。因此，本文在 Groshen 等人研究的基础上，把美国近三轮经济周期中产业结构的变化与就业结构的变化联系起来，从行业的视角分析和研究美国"无就业复苏"，找到造成这一现象的真正原因，进而对美国的就业和经济走势做出判断。

二、数据及方法

（一）数据说明

美国就业数据主要来自美国劳工统计局（Bureau of Labor Statistics，BLS），分为三种，即当期人口调查（Current Population Survey，CPS）、当期就业统计调查（Current Employment Statistics，CES）以及职位空缺和劳动力流动调查（Job Openings and Labor Turnover Survey，JOLTS）。

CPS，又被称为家庭调查（Household Survey），是一项由 BLS 和美国商务部普查局（Census Bureau）合作进行的月度调查。它的调查采样对象是美国 6 万个家庭中的 16 岁以上居民，涵盖了农业和非农业工人、个体经营和从事家务的人员，主要包含了美国就业总人数、失业人数、失业率以及按性别、各年龄段、种族、文化程度、就业方式等分类的就业数据。

CES，又被称为机构调查或工资册调查（Establishment or Payroll Survey），是一项由美国劳工统计局与各州就业保障机构合作进行的月度调查。它的调查采样对象是美国 14 万家商业和政府机构的约 800 万个失业保险税收账户，涉及到的就业者约占总非农就业人数的 1/3，主要包含了美国总的非农就业人数以及按照 2007 北美行业分类体系（NAICS）分类的分行业就业人数、新增的和流失的工作岗位数量、周平均工作时长、平均工资、平均加班时间等数据。

JOLTS，是一项由美国劳工统计局亚特兰大 JOLTS 数据采集中心进行数据采集，反映美国劳动力需求方情况的月度调查。它的调查采样对象是美国非农部门的约 16000 家商业机构，包含了不同行业（以 NAICS 划分）按职位空缺、聘用、辞职、裁员和解雇，以及其他离职分类的就业数据。但是，JOLTS 不包含私人家庭、农业、林业、渔业和狩猎行业的就业数据。

次贷危机重创了美国经济和就业市场，CPS 统计的失业率由 2007 年 12 月时的 5% 最高攀升至 2009 年 10 月的 10.1%，而在经济复苏后，失业率依然居高不下，直至 2011 年初才有所松动，缓慢回落至 9% 左右。同期，由 CES 统计的美国非农就业人数也由危机开始时的 13798.3 万人降至 2010 年 2 月的 12924.6 万人，然后又逐步开始缓慢回升至 13104.3 万人，但仍比危机前减少了 694 万人。而从 JOLTS 提供的数据来看，自经济进入复苏阶段以来，美国就业市场已有所改善：雇佣率由复苏开始时的 2.8% 升至目前的 3.0%；总离职率同期内也由 3.2% 降至 2.9%；而职位空缺率则有所上升，由复苏初期的 1.6% 上升至当前的 2.2%，说明尽管新的工作职位在增加，但难以找到合适的劳动力。

以上三项抽样调查数据从不同角度反映了美国就业形势的变化，既有共同的趋势，也有不同的特点。由于 JOLTS 开始于 2000 年，无法反映 20 世纪 90 年代以来的就业变化趋势，所以本研究主要使用了 CPS 和 CES 中的就业数据。而 CES 与 CPS 相比，更能准确地反映美国的真实就业状况。首先，CES 的样本容量更大。CES 的样本取自美国 14 万家商业和政府机构，覆盖了约 40 万个工作场所，这代表了每月平均 4000 万个工作岗位；而 CPS 的样本取自 6 万户家庭，仅代表了 7 万左右的劳动力。其次，CES 的统计结果更为精确。CES 对美国就业情况的估计是基于每年更新一次的全部非农机构和企业人员的失业保险缴税记录；而 CPS 则是基于每十年一次的人口普查。再次，相比于 CPS，CES 出现大幅修正和误报的情况更少。

（二）研究方法

在前期的研究文献中，指数化方法常常被应用于"无就业复苏"的研究，即选择某一时点的就业人数作为基期水平，将该时点前后的就业人数转化为相对于基期水平的变化幅度。按照 Schreft（2003）、Groshen（2003）等的方法，以经济周期谷底时的非农就业人数为基期，将"二战"后美国各个经济周期谷底前后月度非农就业人数转化为以该基期为 1 的指数序列，并按照相应经济周期作图。如图 1 所示，横坐标中，"0"为每一经济周期的谷底，表示经济复苏的起点，其他数值则表示该时点距经济复苏的时间（以月为单位）；纵坐标为以经济周期谷底为 1 计算的非农就业人数指数，大于 1 表示该时点的非农就业人数高于经济开始复苏时的水平，小于 1 则表示该时点的非农就业人数低于经济开始复苏时的水平。按照美国国民经济研究局（National Bureau of Economic Research，NBER）的统计划分，自"二战"后至今，美国经济共经历了 11 次周期性波动，目前正处于第 12 个经济周期中的复苏阶段。可以看到，在 20 世纪 90 年代以前的历次经济扩张周期中，就业复苏与经济复苏基本同步；而从 1991 年 3 月的经济扩张期起，就业复苏开始显著滞后于经济复苏，"无就业复苏"显现。在 1991—1992 年和 2001 年"无就业复苏"中，美国非农就业人数分别在经济复苏后的第 13 个月、第 28 个月恢复到衰退前的水平。

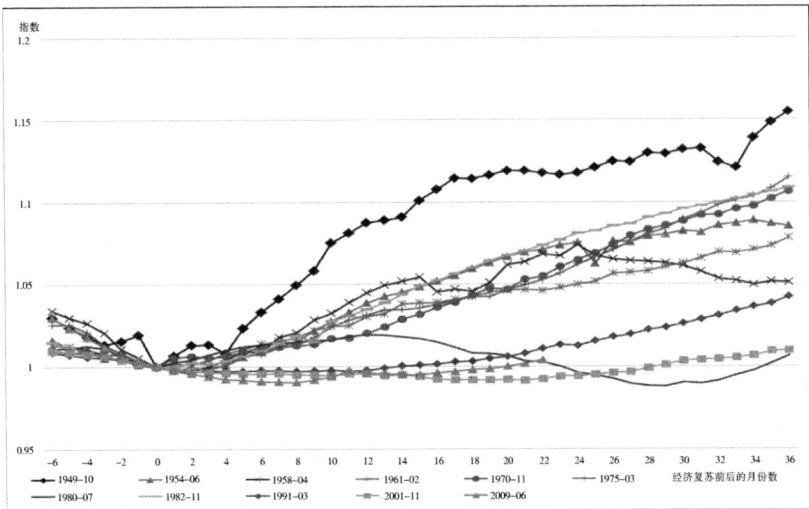

图1　美国"二战"后历次经济复苏阶段非农就业人数的变化情况

资料来源：美国劳工统计局网站。

　　显然，该方法可以清楚地表现出经济复苏阶段就业的变化情况，但是以经济谷底时的就业水平为基期，难以很好地刻画出经济衰退阶段就业的下降幅度，容易造成对就业复苏形势的误判。按照这个标准，2009—2010 年的"无就业复苏"在经历了 21 个月后，已经于 2011 年 2 月结束，这明显与美国当前就业形势不符。因此，本课题在借鉴前人指数化方法的基础上，对基期水平的选取时点进行改进，将经济衰退前，即经济周期波峰时的就业水平作为基期，把非农就业数据转化为新的就业变化指数，这样新指数不仅可以显示出经济复苏阶段就业的变化情况，而且可以反映出就业相比于衰退前的复苏程度。

三、"无就业复苏"已经成为美国经济周期复苏阶段的常态

　　在 20 世纪 90 年代之前的历次经济周期中，美国经济增长基本与就业增长相伴起伏，经济复苏通常意味着就业的回升和失业率的下降。然而，在 1990—1991 年的经济衰退之后，美国就业市场并未迅速随经济的复苏而复苏，不仅就业数据未出现好转，失业率也继续向上攀升。美国经济首现"无就业复苏"

（Jobless Recovery）①。此后，这一现象在 2001 年以及 2007－2009 年的经济衰退之后连续出现，成为美国经济周期复苏阶段的常态。

（一）"无就业复苏"形势逐步加深

如图 2 所示，1991—1992 年的"无就业复苏"持续了 22 个月，2001 年的"无就业复苏"则持续了 39 个月后，美国非农就业人数才恢复到衰退前的水平；而本次"无就业复苏"的进程更为缓慢，非农就业人数至今仍远远低于衰退前的水平。

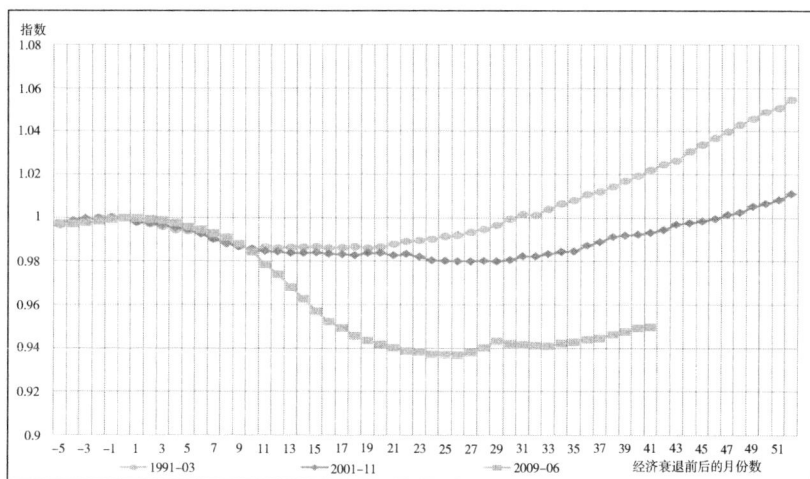

图 2　美国三次"无就业复苏"中非农就业人数的变化情况

资料来源：美国劳工统计局网站。

特别是，如果我们将近期的美国就业数据与衰退之前的就业水平做一下比较，就会发现本次美国经济复苏"无就业"的情况更为严重，当前美国的就业

---

① Schreft（2005）认为，在 NBER 判定的经济衰退结束之后，如果净就业连续超过 12 个月保持零增长或负增长，那么这种经济复苏就是无就业复苏。

　　此外，还有学者从奥肯定律的角度，描述了 1990—1991 年和 2001 年的两轮无就业复苏。Schreft 等（2003）指出，美国 1990—1991 年、2001—2003 年的就业变化已经违背了奥肯定律。他们通过对产出增长趋势进行估计发现，在 1991 年的经济复苏阶段，按照奥肯定律的预测，就业率应该下降 0.15%，而实际上，就业率下降近 0.7%。在 2001 年的经济复苏中，奥肯定律预测的就业率降幅为 0.2%，而实际值为 0.3%。

市场远远谈不上复苏。与危机前的水平相比，美国目前的失业率较2007年12月时的5%仍高出4个百分点，非农就业人数比衰退前的水平减少了近700万人（如图3所示）。现在美国就业市场的低迷程度远远超过了前两次"无就业复苏"最严重的时候。

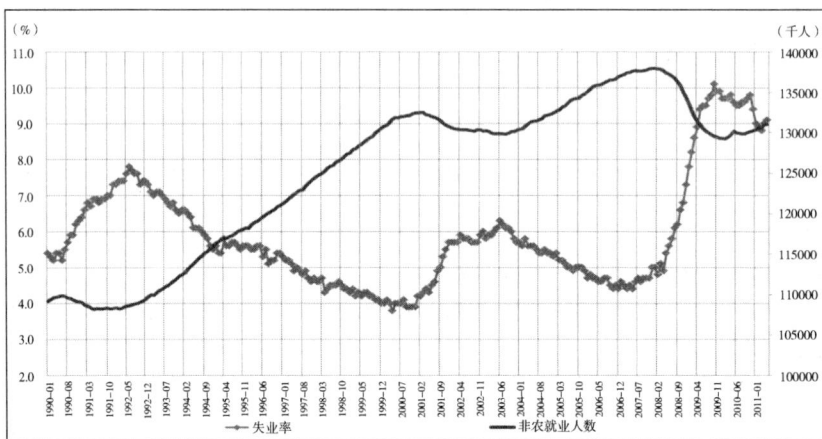

图3 美国失业率和非农就业人数变化情况

资料来源：美国圣路易斯联储网站。

（二）结构性失业导致美国经济频现"无就业复苏"

在历次"无就业复苏"中，虽然美国整体上呈"无就业"状态，但各个行业却表现出不同的态势：部分行业的就业受到了极大的冲击，失业人数激增；而部分行业的就业即使在经济衰退之时仍保持了一定的就业增长速度。所以，要探究美国"无就业复苏"的根源，就需要对各个行业就业的变化进行深入的分析。为此，我们选取了美国工业和服务业①两大类行业及其15个细分行业的就业数据，并以各行业在经济衰退前的就业水平为基期，利用指数化方法对各行业的就业变化进行了分析和研究。

从工业和服务业两大类行业的就业变化来看，前者的就业不仅在经济衰退

---

① 依据美国劳动部的分类标准，工业包含自然资源及采矿业、建筑业和制造业；服务业包含贸易、运输及公用事业，信息业，金融业，教育和医疗服务业，商业服务业，休闲和酒店业，其他服务业等。

阶段的降幅较大,而且在经济复苏阶段的回升速度也较为缓慢。如图 4 和图 5
所示,三次衰退中,工业就业人数较衰退前分别下降了 96.5 万人、120.1 万人
和 355 万人,降幅达到了 4.06% 、4.92% 和 16.16%;而同期服务业就业下降了
27.5 万人、29.8 万人和 394 万人,降幅分别为 0.32% 、0.37% 和 3.40%。

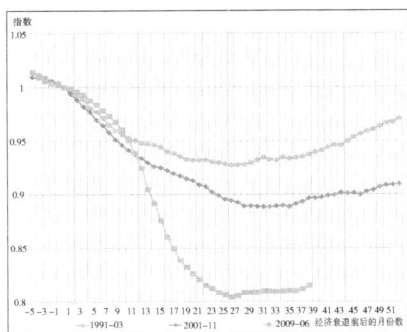

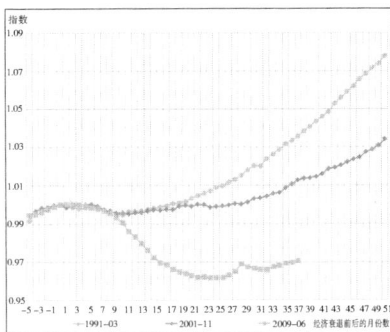

图 4　工业就业变化　　　　　图 5　服务业就业变化

经济进入复苏阶段后,工业就业呈"U"形回升,但回升的速度非常缓慢,
回升幅度也十分有限。在始于 1991 年 3 月和 2001 年 11 月的两轮"无就业复苏"
中,当美国总体就业已走出"无就业复苏"阶段时,工业就业仍比衰退前的水
平分别减少了 155.6 万人、237.3 万人。与之相反,美国服务业的就业人数在
"无就业复苏"阶段不仅短时间内就恢复到了衰退前的水平,而且还继续保持了
较快的增长速度,至美国经济走出前两轮"无就业复苏"时为止,服务业就业
分别比衰退前增长了 174.8 万人和 256.6 万人。工业就业绝对人数减少、服务业
就业绝对人数增加,这说明传统的制造业工人一旦失去工作将永久陷入失业,
而具有高素质和高技术的服务业工人则成为引领美国经济走出衰退的原动力。

根据各行业就业在三次"无就业复苏"前后的走势,我们大致可以将其分
为五类(详见附表):第一类是就业在经济衰退和复苏阶段都保持上升的行业,
如教育和医疗服务业;第二类是就业在经济衰退阶段下降,在经济复苏阶段上
升的行业,如专业和商业服务业、休闲和酒店业;第三类是就业不仅在经济衰
退阶段下降,而且在经济复苏阶段也呈负增长或零增长的行业,如制造业、公
用事业;第四类就是就业在经济衰退阶段下降,在经济复苏阶段就业缓慢回升

的行业，如贸易、运输及公用事业服务业，批发业，零售业，交通运输及仓储业，其他服务业；第五类就是在历次"无就业复苏"中表现出不同的变化趋势，如自然资源及采矿业、建筑业、金融业、信息业及政府部门就业。

依据以上分类，就业在三次"无就业复苏"中能够实现快速增长的主要是第一、二类行业，即教育和医疗服务业、专业和商业服务业以及休闲和酒店服务业。其中，教育和医疗服务业的就业在经济衰退阶段也保持了正增长。三个行业的就业在历次"无就业复苏"中总共增加了 74 万人、132.6 万人和 65 万人。与之相反，第三类行业，主要是制造业，其就业在三次经济衰退前后都出现了较大幅度的负增长，分别较衰退前水平下降了 89.7 万人、266.5 万人和 204.2 万人。

（三）产业结构变化导致的劳动力再分配是"无就业复苏"的根本原因

美国每经历一次"无就业复苏"，都伴随着一次产业结构的调整和升级。在每一次经济衰退中，制造业和上一轮经济增长中过度发展的行业都会因危机的冲击而陷入衰退，这些行业的就业也会出现大幅的下降；在每一次"无就业复苏"中，服务业和新兴产业的就业均会出现明显的增长，并发展成为带动美国经济走出"无就业"状态的主要力量。

而引领美国经济进入新一轮经济增长的行业，如 1991—2001 年的信息业、2001—2007 年的金融业和建筑业，其就业在当轮的经济复苏阶段中都有较快的增长，但是在之后的经济衰退中，这些行业的就业往往下降的幅度更大，而且在下一轮经济增长中也难有起色。如图 6 所示，在 20 世纪 90 年代初的首次"无就业复苏"中，作为美国信息技术革命的代表，信息行业的就业在小幅下降之后便出现增长，并在随后进入了长达十年的上升期。而且，信息技术的普及和推广还带动了美国传统产业的升级和改造，从而推动了这些行业就业的增长。但是，随着互联网泡沫的破裂，信息业的就业在随后的经济衰退中出现了大幅的下降，在经济衰退和随后的无就业复苏阶段中总共减少了 65.9 万人，相当于最高峰时的 1/6，而且该行业的就业自那之后再也没有恢复至泡沫破裂前的水平。

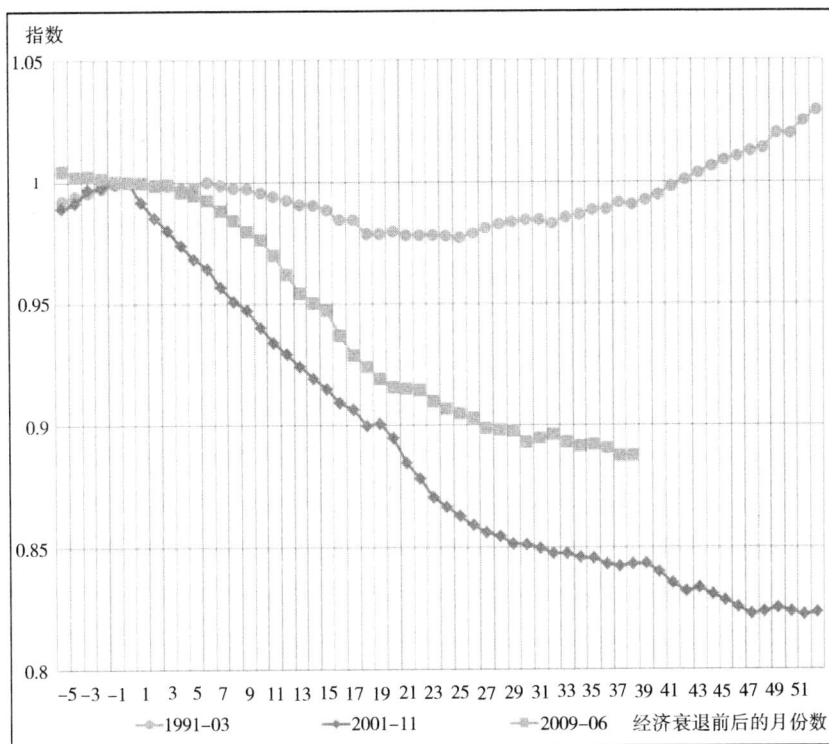

图 6　信息业就业变化

资料来源：美国劳工部网站。

2001 年的经济衰退之后，金融业以及房地产业成为美国新的经济增长点。在这轮"无就业复苏"中，这两个行业的就业均实现了快速增长，就业相比衰退前的水平分别增长了 30.2 万人和 29.1 万人。同样，随着金融业以及建筑业的无节制发展，美国房地产泡沫破裂，次贷危机爆发，这两个行业也受到了严重的冲击，就业较衰退前分别下降了 61.3 万人和 195.8 万人，降幅为 7.45% 和 26.15%。

鉴于不同行业对劳动技能的要求有所不同以及劳动分工专业化程度的提高，许多从制造业等衰退部门退出的劳动力并不具备服务业以及新兴行业工作职位所要求的专业技能。因此，这部分劳动力需要付出一定的培训成本和搜寻成本，才能达到新行业工作岗位的要求，找到合适的工作。正是由于在产业结构调整的过程中，失业者专业技能的转换难以跟上工作岗位在不同行业间的转换速度，美国总体就业水平在经济复苏阶段才会呈现出"无就业"的状态。这一点也可以从失业者逐渐延长的失业持续时间得到证明。据美国劳工部的统计，在历次"无就业复苏"阶段中，美国失业持续 15 周以下的失业人数均出现了不同程度的改善，唯独失业时间在 15 周以上，尤其是 27 周以上的失业者人数仍居高不下（见图 7）。

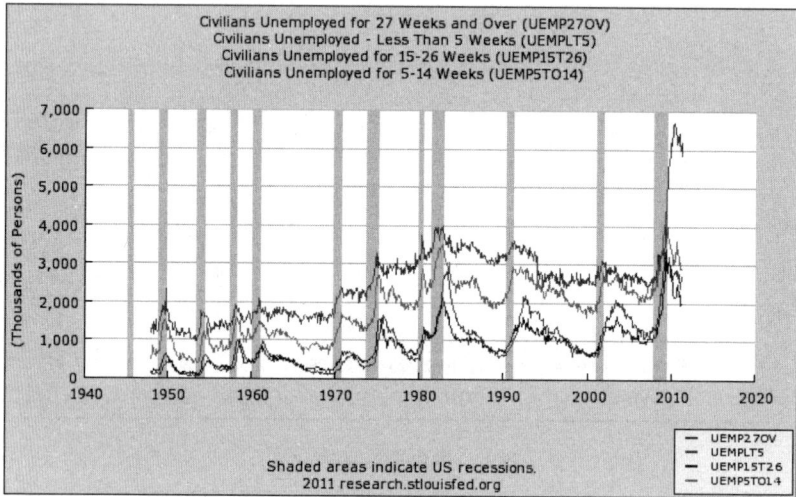

图 7　美国按失业时间划分的失业人数变化情况

注：图中阴影部分代表美国历次经济周期中的经济衰退阶段，下同。

资料来源：美国圣路易斯联储网站。

综上所述，美国经济周期中因产业结构的调整和升级造成的劳动力在不同产业部门间的再分配是造成"无就业复苏"的主要原因，而新兴产业的发展则是带动美国经济走出"无就业"复苏的重要动力。

四、美国经济周期与就业周期的新变化

根据以上对美国各行业就业形势的变化，我们发现：由于失业者在不同行业专业技能间的转换速度难以跟上工作岗位的调整步伐，"无就业复苏"在美国最近 20 年的经济周期转换过程中反复出现，并逐步发展成为美国经济周期和就

业周期的一种新模式。

（一）就业增长滞后于经济增长，且滞后程度逐次加深

从整体非农就业情况来看，近三次"无就业复苏"以来，美国就业衰退越来越严重，而且复苏的速度也越来越滞后于经济增长的步伐。在最近三轮的经济衰退中，前两次经济衰退均持续了 8 个月的时间，而第三次，也就是本轮由次贷危机引发的经济衰退则持续了 18 个月之久。相应的，美国就业在前两次的经济衰退中分别下降了 124 万人和 159.9 万人，降幅为 1.13% 和 1.21%。在第三次经济衰退中，美国非农就业人数下降了 749 万人，降幅也上升到了 5.43%。在随后的"无就业复苏"阶段中，前两次衰退后的"无就业"状态分别持续了 21 个月（从经济开始衰退算起，至就业恢复至衰退前水平为止）和 38 个月，第三次则一直持续到现在，至今就业人数仍比衰退前水平低了 5 个百分点。

（二）失业时间延长且在经济扩张阶段持续上升

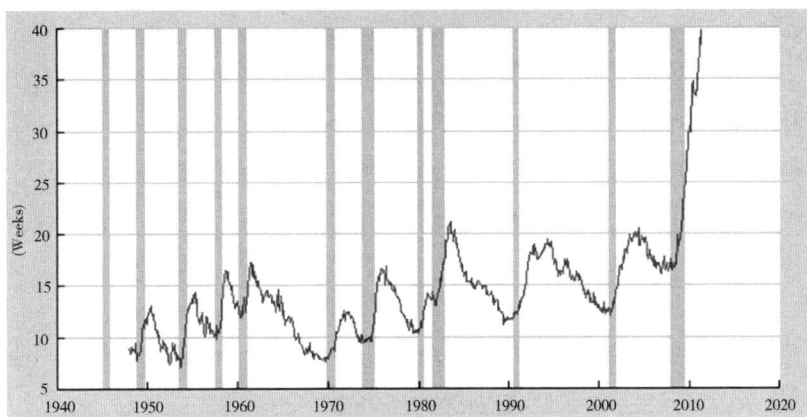

图8　美国平均失业时间的变化情况

资料来源：美国圣路易斯联储网站。

在以往的经济周期中，美国平均失业时间随着经济衰退的结束逐步缩短。而在"无就业复苏"中，平均失业时间不仅未减少，反而逆势上升。如图 8 所示，前两次"无就业复苏"中，平均失业时间分别在衰退结束后的第 38 个月和第 24 个月才开始下降，而这次平均失业时间至今仍呈上升之势。而且，"无就业复苏"阶段中的平均失业时间也越来越长，前两次平均失业时间最高时分别

为19.5周和20.5周（仅略低于1983年7月时的21.2周），而此次更是升至39.7周，并有可能进一步突破40周。

（三）兼职就业人数在经济复苏阶段继续上升

如图9所示，在之前的历次经济周期的衰退阶段结束以后，兼职就业人数都会出现下降。而在三次"无就业复苏"中，美国就业中的兼职就业人数不仅没有下降，反而继续上升。在本次"无就业复苏"中，美国兼职就业人数达到了900万人以上。兼职就业人数的持续上升说明美国企业在经济复苏阶段更多地采取弹性雇佣制度来满足对劳动力的需求，而不是扩大招聘正式员工的数量。这一雇佣制度的调整无疑也在一定程度上加剧了"无就业复苏"的程度，延缓了就业恢复的步伐。

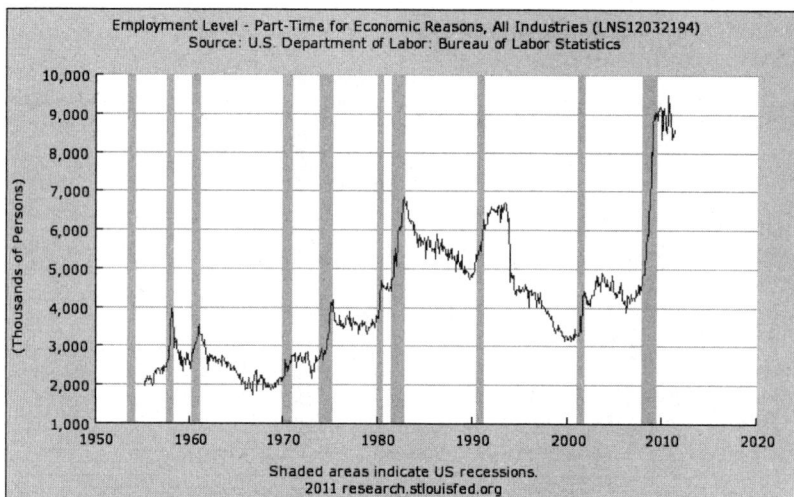

Employment Level - Part-Time for Economic Reasons, All Industries (LNS12032194)
Source: U.S. Department of Labor: Bureau of Labor Statistics

Shaded areas indicate US recessions.
2011 research.stlouisfed.org

图9　美国兼职就业人数的变化情况

资料来源：美国圣路易斯联储网站。

（四）劳动参与率在"无就业复苏"阶段逐步下滑

在以往的经济复苏中，美国劳动参与率随着经济的扩张而不断攀升。自20世纪90年代美国首次出现"无就业复苏"以后，劳动参与率上升的速度明显减缓，上升的步伐也开始明显滞后于经济增长（见图10）。尤其是在2000年之后，美国劳动参与率进入下行通道：在2001年的"无就业复苏"中，美国劳动参与率在经历了44个月的下滑后才开始回升，但由危机前的66%降至64%，创20世纪80年代以来的新低。"无就业复苏"阶段劳动参与率的持续下滑，说明部分失业者在历经挫折之后放弃了寻找工作的努力，选择退出劳动市场。

图10 美国劳动参与率的变化情况

资料来源：美国圣路易斯联储网站。

以上新变化说明，伴随着每一次经济周期交替中产业结构的调整和变化，由衰退行业退出的劳动力越来越难在劳动力市场中找到合适的工作，这部分失业者或者在长期失业之后放弃寻找工作，退出劳动力市场，或者只能接受兼职工作。美国就业与经济周期间的旧有模式正逐步被打破，其失业问题越来越脱离经济周期的变化而呈现出长期性和结构性的特征。

五、"十二五"时期，美国经济将步入"低就业增长"阶段

根据以上对美国出现"无就业复苏"现象的原因分析，以及对走出"无就业"条件的判断，本研究认为，未来五年美国经济将进入"低就业增长"阶段。

首先，在此次由次贷危机引发的经济衰退中，美国劳动力市场受到的冲击更为严重，就业在经济复苏阶段的调整恢复时间也将相应延长。席卷全球的次贷危机爆发以后，美国大量劳动力失业，失业人数在危机期间增长了近一倍，失业率最高曾达到10.1%，远高于1990—1991年和2001年两次经济衰退时的

水平。所以，即便按照前两次"无就业复苏"时的增长速度，美国就业恢复至危机前的水平所花费的时间也将大大超过前两次"无就业复苏"。

其次，根据历史经验，大量从金融业和房地产业淘汰出的劳动力可能将永远陷入失业状态，美国自然失业率可能由危机前的5%左右推高至7%左右。从互联网泡沫破裂后美国信息业就业的走势来看，其就业自2001年以来一直呈下降趋势，再也没能恢复至经济衰退前的水平。同样，在本轮经济周期中过度发展的金融业和房地产业，其吸纳就业的能力在次贷危机过后也很难恢复至经济衰退前的水平。从这两个行业退出的劳动力由于缺乏其他行业的劳动技能，很可能陷入永远失业的状态，而这将提升美国的自然失业率水平。由于金融业和房地产业因次贷危机而长期陷入失业的人数占总劳动力人口的1.7%左右，故推算美国的自然失业率很可能将由危机前的5%左右提升至7%左右。

再次，新经济增长点无法在短期内确立，美国经济缓慢复苏的局面不会出现根本改观，就业也将维持低增长。长远来看，美国经济要实现再次繁荣，就必须确立新的经济增长点。然而受制于技术创新周期及其大规模产业化应用的时间限制，奥巴马政府鼓励的新能源等新兴产业短期内难以对拉动经济增长和增加就业起到实质性作用。而且，由于美国在传统制造业中并不具备国际比较优势，要通过"再工业化"实现就业的增加，美国也只能发展其具有技术优势的制造业领域，而这同样将受制于技术创新的进展。所以，未来美国经济缓慢复苏的局面在短期内将不会出现根本改观，就业也将延续低增长状态。

综上所述，未来美国就业市场仍将缓慢改善，但不会出现根本性改观，"十二五"时期美国经济将步入"低就业增长"阶段。

六、总结

美国经济周期与就业周期的关系自20世纪90年代起发生了显著的变化，从就业随经济的复苏而增长，发展到就业增长滞后于经济的复苏，并且滞后期越来越长。在最近的一次经济复苏中，美国的就业依然疲弱，自衰退结束至今仍远未走出"无就业"状态。本文通过分析最近三次"无就业复苏"中美国各行业就业的变化，研究了美国经济周期与就业周期的新变化，主要结论如下：

第一，美国每轮经济周期都是一次产业调整和升级的过程，而产业结构的调整造成了劳动力在产业部门间的转移。其中，制造业的就业人数在近三次的"无就业复苏"中均出现了大幅度的下降，而服务行业的就业则实现了较快的增长速度。由于从制造业中转移出来的劳动力缺乏服务业的相关劳动技能，这部分劳动力在短时间内难以在服务行业中找到合适的工作，一部分劳动力甚至退出了劳动力市场。这就使得美国就业在经济复苏阶段出现了失业持续时间变长，劳动参与率下降等现象，造成了经济复苏阶段的"无就业"状态。

第二，在每一轮经济周期中，引领美国经济进入新一轮增长周期的行业是带动美国就业走出"无就业"状态的主要力量，但这些行业的无节制发展也往往是引发下一轮经济衰退的根源。通过对比分析各行业就业在"无就业复苏"阶段的变化，我们可以看到，美国经济每一次走出"无就业复苏"，都伴随着一次新的技术创新，而每一次踏进"无就业复苏"，也恰恰是这些因新技术创新带来的新产业的无节制增长导致的泡沫破灭。信息技术创新引领美国经济走出了1991年的"无就业复苏"，而信息泡沫的破灭则直接导致了美国2001年的经济衰退及之后的"无就业复苏"。金融创新所带来的金融和房地产业的繁荣将美国经济拉出了2001年的衰退和"无就业复苏"，但因监管的缺失导致其无节制发展，直接引发了2008年国际金融危机，造成全球经济的世纪性衰退和遥遥无期的无就业复苏。

第三，"十二五"时期，美国将进入"低就业增长"阶段。由于此次次贷危机对美国劳动力市场造成了巨大的冲击，失业人数较前两轮经济衰退时倍数增加。因此，就业在经济复苏阶段的恢复调整时间也会相应地延长，部分劳动力将永久性地退出劳动力市场。同时，尽管奥巴马政府在危机之后出台了一些"再工业化"和促进新兴产业发展的政策，但是，美国在传统制造业并不具备国际竞争力，依靠振兴传统制造业以恢复就业的政策难以有实际效果。而依靠新的技术革命带动高新制造业或者是新兴产业来拉动就业增长，则受到技术创新周期的限制而短期内难有突破。所以，在"十二五"时期，缺乏新经济增长点的美国经济很可能陷入"低就业增长"阶段。

（本文写于2011年7月）

参考文献

蔡昉，2009：《关注金融危机下的就业问题——如何避免"无就业经济复苏"》，《中国党政干部论坛》第 4 期。

陆晓明，2010：《美国就业与经济周期关系的新变化——趋势、成因和影响》，《经济学动态》第 05 期。

苏亮瑜、厉鹏，2010：《无就业复苏背景下的美国劳动力市场》，《中国金融》第 15 期。

谭友林，1999：《新技术革命进程中的美国就业》，《市场与人口分析》第 5 卷第 5 期。

Aaronson, Daniel; Rissman, Ellen R. and Sullivan, Daniel G. (2004a), "Assessing the Jobless Recovery", Federal Reserve Bank of Chicago Economic Perspectives, Second Quarter, 28 (2), pp. 2 – 20.

Aaronson, Daniel; Rissman, Ellen R. and Sullivan, Daniel G. (2004b), "Can Sectorial Reallocation Explain the Jobless Recovery?", Federal Reserve Bank of Chicago Economic Perspectives, Second Quarter, 28 (2), pp. 36 – 49.

Bernanke, Ben (2003), "The Jobless Recovery", Speech at the Global Economic and Investment Outlook Conference, Carnegie Mellon University, Pittsburgh, Penn. November 6, http://www.federalreserve.gov/boarddocs/speeches/2003/200311062/default.htm.

Bachmann, Ruediger (2007), "Understanding Jobless Recoveries – A Tale of Two Margins," Manuscript, Yale University, January 2007.

Carlin, Bradley P.; Gelfand, Alan E. and Smith, Adrian F. M. (1992), "Hierarchical Bayesian Analysis of Change point Problems", Applied Statistics, 41 (2), pp. 389 – 405.

Dueker, Michael J. (2006), "Using Cyclical Regimes of Output Growth to Predict Jobless Recoveries", Federal Reserve Bank of St. Louis Review, March/April, 88 (2), pp. 145 – 153.

Faberman, R. Jason. (2004), "Gross Job Flows over the Past Two Business Cycles: Not All 'Recoveries' Are Created Equal", Working Paper 372, U. S. Bureau of Labor Statistics, June 2004.

Faberman, R. Jason (2008), "Job Flows, Jobless Recoveries, and the Great Moderation", Working Paper 08 – 11, Research Department, Federal Reserve Bank of Philadelphia, June 2008.

Glosser, Stuart and Golden, Lonnie (2004), "The Changing Nature of Hours and Employment Adjustment in US Manufacturing: A Contributing Cause of the Jobless Recovery?", International Journal of Manpower, 25 (7), pp. 618 – 642.

Gordon, Robert J. (1993), "The Jobless Recovery: Does It Signal a New Era of Productivity – Led Growth?", Brookings Papers on Economic Activity, 24: 1, pp. 271 – 316.

Groshen, Erica L. and Potter, Simon (2003), "Has Structural Change Contributed to a Jobless Recovery?", Federal Reserve Bank of New York Current Issues in Economics and Finance, August, 9 (8), pp. 1 – 7.

Holmes, Mark J. and Silverstone, Brian (2006), "Okun' s Law, Asymmetries and Jobless Recoveries in the United States: A Markov – Switching Approach", Economics Letters, August, 92 (2), pp. 293 – 299.

Kim, Chang – Jin; Morley, James and Piger, Jeremy (2005), "Nonlinearity and the Permanent Ejects of Recessions", Journal of Applied Econometrics, Special Issue, 20 (2), pp. 291 – 309.

Koenders, Kathryn (2005), "Long Expansions and Slow Recoveries: A Closer Look at Employment Fluctuations", Manuscript, Arizona State University.

Koenders, Kathryn and Rogerson, Richard (2005), "Organizational Dynamics over the Business Cycle: A View on Jobless Recoveries", Federal Reserve Bank of St. Louis Review, July/August, 87 (4), pp. 555 – 579.

Lopes, Hedibert F. and Salazar, Esther (2006), "Bayesian Model Uncertainty in Smooth Transition Auto regressions", Journal of Time Series Analysis, January, 27 (1), pp. 99 – 117.

McConnell, Margaret M. and Perez – Quiros, Gabriel (2000), "Output Fluctuations in the United States: What Has Changed Since the Early 1980's?", American E-conomic Review, December, 90 (5), pp. 1464 - 1476.

Morley, James and Piger, Jeremy (2006), "The Importance of Nonlinearity in Reproducing Business Cycle Features", in Costas Milas, Philip Rothman and Dick Van Dijk, eds., Nonlinear Time Series Analysis of Business Cycles, Elsevier Science, Amsterdam, pp. 75 - 95.

Owyang, Michael T.; Piger, Jeremy and Wall, Howard J. (2008), "A State - Level Analysis of the Great Moderation", Regional Science and Urban Economics, November, 38 (6), pp. 578 - 589.

Ramey, Valerie A. and Vine, Daniel J. (2006), "Declining Volatility in the U. S. Automobile Industry", American Economic Review, December, 96 (5), pp. 1876 - 1889.

Schreft, Stacey L. and Singh, Aarti (2003), "A Closer Look at Jobless Recoveries", Federal Reserve Bank of Kansas City Economic Review, Second Quarter, 88 (2), pp. 45 - 73.

Schreft, Stacey L.; Singh, Aarti and Hodgson, Ashley (2005), "Jobless Recoveries and the Wait - and - See Hypothesis", Federal Reserve Bank of Kansas City Economic Review, Fourth Quarter, 90 (4), pp. 81 - 99.

Schweitzer, Mark (2003), "Another Jobless Recovery?", Federal Reserve Bank of Cleveland Economic Commentary, March, pp. 1 - 4.

美国债务问题将埋长期隐患

一、美国债务问题是美国政府长期实施赤字财政政策的结果

2011 年，美国债务问题成为市场关注的焦点。首先是随着 8 月 2 日美国债务大限的临近，美国国会两党在国债上限调整幅度和削减财政赤字上迟迟达不成统一，致使美国国债一度面临技术性违约风险。而在债务上限问题解决之后，标准普尔又以"财政紧缩协议不足以稳定政府的中期债务状况"为由，将美国长期主权信用评级由 AAA 降至 AA＋。美国近百年来首次失去最高信用评级，令市场恐慌情绪骤然升温，并引发了全球金融市场的剧烈动荡。

实际上，美国债务问题由来已久，此次债务危机的爆发，是美国赤字财政政策长期积累的结果。自 2001 年以来，美国财政从克林顿时期的盈余转为赤字，且持续扩大，尤其是 2008 年金融危机中大规模的经济刺激措施使得美国公共债务规模迅速攀升。根据美国财政部的预测，2011 年美国财政赤字占 GDP 的比重将达到 10.9％，美国政府债务占 GDP 比重将达到 102.6％。与此同时，今年以来美国经济复苏进程大幅放缓，失业率出现反弹。据美国商务部最新公布的数据显示，受消费放缓和政府支出下降的影响，美国一季度 GDP 折年率仅为 0.4％，远低于去年四季度 2.3％ 的水平。二季度 GDP 折年率初值虽然升至 1.3％，但也大大低于市场预期的 1.8％，而且未来还有进一步下调的可能。美国一度回落的失业率也再次反弹，由 3 月份时的 8.8％ 回升至 7 月的 9.1％。

所以，不断攀升的债务规模和疲弱的经济态势使美国财政状况出现改观的希望愈加渺茫，这也注定了美国未来的债务负担将日益沉重，美国财政"寅吃卯粮"的做法将越来越难维持下去。正是在这种背景下，加上美国两党在此次债务上限调整中只顾党派利益而无视全球债权人权益的表现，美国债务问题最终演变成一次对美国国债的信心危机。

二、美国债务问题"远虑"大于"近忧"

（一）美国主权信用评级被下调对世界经济的影响有限

尽管此次标普下调美国长期主权信用评级对美国国债的违约风险发出了警告，但并未对美国的偿债能力造成实质性影响，其对市场的影响更多是在心理层面，由此带来的国际金融市场动荡也不会持续太久。事实证明也是如此，在"黑色星期一"过后的第二天，全球股市便出现了不同程度的反弹。之所以美国主权信用评级遭到下调不会对其偿债能力构成实质性威胁，原因主要在于以下几个方面：

首先，美元全球主要储备货币的地位短期内难以撼动，美国依然具有无限清偿能力。在当前的国际货币体系中，能够挑战美元地位的就是欧元，然而欧债危机的持续发酵使欧元短期内已经难有作为。所以，尽管未来美元仍将走弱，但在没有更好的替代货币出现之前，美元依然是全球最主要的国际储备货币。而只要美元主导的货币体系依然存在，美国作为债主就有无限大的支付能力。

其次，相较于其他国家的债券，美国债券的风险依然是最低的。虽然此次美国信用评级被下调对美国债券的违约风险提出了警告，但从全球看，当前债务危机在欧洲继续发酵，并有向欧元区西班牙、意大利等大国蔓延的趋势；日本债务比例全球最高，经济情况比美国更疲软。相比欧洲、日本债券，美国债券无疑更为安全。这点可以从美国国债 8 月 8 日的走势中得到证明。当时正值标普下调美国长期主权信用评级后的第一个交易日，全球金融市场动荡，股市遭遇"黑色星期一"，而造成此次危机的罪魁祸首美国国债不但没有被抛售，反而受到投资者的大力追捧，出现逆势大涨。

再次，如果美国国债出现违约，美国自身将会是其债务违约的最大受害者。截至5月美国公共债务总额为14.3万亿美元，其中美国国内持有9.8万亿美元，占比68.6%，美国社保及养老基金为最大的持有者。海外持有占比为31.5%，其中中国占8.1%，日本占6.4，OPEC国家占1.6%。因此，国债违约反而对美国自身冲击最大，将损害美国国内所有居民的利益。

（二）美国债务规模攀升的趋势难以改变，违约风险将不断加大

1. 美国债务问题将日益严峻

虽然当前美国国债不会因偿债能力不足而出现违约，但未来一段时间，由

于美国未来公共债务与财政赤字仍将长期居高难下，美国债务违约的风险将不断增加。

首先，未来美国财政支出仍将保持在较高水平。美国的财政支出主要分为自主性支出、利息支出和法定支出三种。其中，法定支出占三大类财政支出的主要部分，也成为财政赤字的重要来源。法定支出包括社会保障及医疗与健康支出。这部分支出不仅在短期内很难削减，而且随着美国人口老龄化趋势更加严峻以及婴儿潮年代的工薪族相继退休，社会保障及医疗与健康方面的支出将以比 GDP 更快的速度上升。与此同时，随着债务规模不断膨胀和未来利率从目前的历史低点回归常态后，利息支出将大幅上升；随着自然与气候环境恶化、全球地缘政治不确定性上升，各种自主性支出中的国防开支等还将继续上升。由此可见，未来美国财政支出削减的空间将十分有限。

其次，财政收入增长将长期低迷，导致美国财政赤字难以回落。从美国财政收入的构成来看，美国政府收入的 80% 以上来自于个税和社会保险收入。税收增加的前提是经济增长、就业改善和公司利润增加。但是，由于目前美国无法找到新的经济增长点，经济增长乏力的局面在短期内难以出现大的改观，因此，美国未来增税的可能也不大，最多不过是停止从布什政府一脉相承下来的中产阶级减税计划。

所以，美国财政入不敷出的局面在未来一段时间内都将不会改变，而且有进一步扩大的可能，美国财政赤字比例将很可能长期处于 6% 以上，美国债务的规模必然会随之继续膨胀，未来的美国债务问题将日渐严峻。

2. 信用评级可能再次遭到下调

虽然三大国际评级机构均是美国公司，其在作出评级决策时将更多维护美国的利益。但是自欧债危机以来，这三家机构已经因屡次下调欧洲国家的主权信用等级而饱受质疑，如果美国债务问题进一步恶化，他们很可能将不得不选择下调美国主权信用评级及维护其在评级行业的权威。

目前，美国政府债务占 GDP 的比例已经远远超过 60% 的公认安全线，债务利息支出占财政收入的比例在今年或将超过 10% 并持续上升，而 10% 是穆迪下调一国 AAA 主权评级的警戒线。在 8 月 6 日标普下调美国信用评级的当天，穆迪就曾发出警告称，若美国财政或经济前景继续大幅减弱，穆迪可能在 2013 年前下调美国主权信用评级。

此外，惠誉在8月8日也宣称，计划于8月底前完成对美国主权信用评级的复查，集中考查美国的主权信用基本面如何，并根据两党8月2日达成的协议考查其经济与财政的中期前景。惠誉还表示，虽然美国提高了债务上限，但将预算赤字削减至足以中期保障 AAA 信用评级的努力远未完成。

至此，三大国际评级机构均就美国债务问题作出了表态，由于美国的债务负担将更为沉重，且美国经济的增长前景也并不乐观，未来美国主权信用评级再次被下调的可能性将进一步增加。

3. 美国再次实施量化宽松政策的可能性将增加

从历史经验看，为维护美元地位，维持债务融资来源，未来美国采取直接违约的可能性较小，但美国可以利用美元霸权，通过让美元贬值的方式变相减轻美国的债务负担，这就令美国进一步推出 QE3 的概率大大增加。一方面，由于外国投资者在美国国债融资中具有举足轻重的地位，随着各国外汇储备逐渐呈现多元化的趋势，未来美国国债市场可能出现供过于求的局面，届时美国国债收益率将上涨。为缓解国债收益率上涨对长期利率以及私人部门消费与投资的不利影响，可能将迫使美联储加大对美国国债的购买力度。与此同时，随着2012年美国总统选举年的到来，奥巴马政府要想赢得选举，势必要在促进美国经济复苏和降低失业上有所作为。所以，在当前财政政策施展空间有限的情况下，美国只能寄希望于货币政策。从刺激经济增长的角度看，QE3 出台的可能性也在逐渐增大。

三、美国债务问题对中国的经济影响

（一）中国外汇资产面临缩水风险

当前，我国外汇储备已超过 3.2 万亿美元，其中约有 2/3 以美元资产形式持有，并且大部分是美国国债。虽然此次美国主权信用评级下调事件并未对我国外汇资产的安全造成实质性影响，但随着美国债务规模的不断扩大，美国未来债务问题的再次暴露只是时间问题。一旦美国国债发生违约，将对我国的外汇资产安全造成严重冲击。而且，长期来看，美元走软的趋势不会改变，这使我国以美元为主的外汇资产面临持续缩水的风险。

（二）我国面临的输入性通胀和热钱流入压力可能上升

首先，由于美国经济持续低迷且债务负担不断加重，美联储重启"印钞机"的可能在逐渐加大。如果美国推出第三轮量化宽松政策，这将导致美元继续贬值，进而推动以美元计价的大宗商品价格持续上涨，这对进口大量原材料的我国来说，输入性通胀压力将有所增加。

其次，此次美国债务问题的暴露引发了市场对发达经济主权债务问题的担忧，未来国际资本可能会更多转向经济增长势头依然良好的新兴经济体，而这将导致流向这些国家资本的增加。所以，未来我国面临的热钱流入压力将有可能再次增大。

四、中国的应对策略

（一）加速外汇储备多元化进程，分散外汇资产风险

为应对债务危机可能带来的冲击，规避外汇储备风险，我国应该根据各国经济和货币走势，调整我国的外汇储备结构，以分散投资风险，最大限度地维护我国的外汇资产安全。另外，扩大海外投资，把部分美元和美国国债储备转为能源资源矿藏等物质储备，也是避免美元贬值风险的有效途径。在当前情况下，我国就可以利用大宗商品价格震荡中的回调机会，适当增加相关资源的战略性储备。在储备种类上，可以偏重我国对外依存度较高以及关系到我国经济安全的品种，如原油、粮食以及稀有金属等。

（二）大力发展离岸人民币债券市场，加速人民币国际化进程

在欧债危机和美债危机的影响下，尤其是经历了美国主权信用评级被下调后对全球股市冲击的系统性风险，对于全球投资者来说，亚洲主权债券正日益成为安全的避风港。为此，我国可以借此机会大力发展离岸人民币债券市场，推动人民币国际化进程。目前，我国已经在香港设立了人民币离岸中心，未来除了扩大香港离岸人民币债券的发行规模外，我国可以在香港之外成立新的人民币离岸中心，以扩大人民币离岸市场。

（本文写于 2011 年 8 月）

美国货币政策正常化进入新阶段

在 2014 年 10 月份联邦公开市场委员会（FOMC）会议上，美联储如期宣布结束自 2012 年 9 月起实施的第三轮资产购买计划（QE3）。在当前美国经济复苏持续向好的态势下，根据伯南克卸任前提出的退出路线图，下一步美联储将把目前超低利率回调至"中性水平"。因此，结束 QE3 也意味着美国货币政策正常化进程将由削减 QE 进入提高利率的阶段转换。

一、美联储首次加息时点临近

2014 年二季度以来，美国经济复苏展现出较强复苏韧性，当季 GDP 实现环比折年增长 4.6%，而且下半年来消费、就业、制造业领域的主要经济指标都延续向好势头，最新公布的三季度 GDP 增速达到 3.5%，明显高于预期。如按当前态势发展，根据伯南克卸任前提出的退出路线图，下一步美联储将把目前超低利率回调至"中性水平"，以在不影响正常经济增长的同时防范潜在的通胀和金融风险。国际清算银行（BIS）根据"泰勒规则"① 计算，当前美国联邦基金利率应处于 0.5%～2.5% 之间，并在 2015—2016 年逐步提高至 2%～4% 的区间，而现在的 0%～0.25% 明显低于这一水平。尽管耶伦多次表示美联储货币政策决策无固定公式可循，但在 9 月份的 FOMC 会议上，认为应在明年加息的委员数量已进一步增至 14 位（委员共有 17 位）。而且在最新的货币政策声明中，

---

① 泰勒规则（Taylor rule）是约翰·泰勒于 1993 年根据美国货币政策的实际经验而确定的一种短期利率调整规则。按照该规则，当前美国名义利率应该随通胀和失业率向通胀目标和自然失业率靠拢而提高，从而保证实际短期利率稳定和货币政策中性。

美联储虽然仍保留了将在"相当长一段时间"内维持短期利率接近于零的水平，但已去掉了有关劳动力资源利用显著不足的措辞，这表明美联储对美国经济与就业复苏前景的信心进一步改善。综合纽约联储一级交易商调查等反映的市场预期，以及美联储措辞规律、部分官员的表态和明年货币政策例会①的安排估计，美联储最早可能在明年年中首次加息。

二、美联储加息将采用新的利率政策框架

目前美联储正在为加息做前期准备，一是加强前瞻指引，除通过会议纪要和讲话释放加息信号外，美联储在 9 月货币政策例会后首次公布了货币政策正常化原则及计划；二是完善加息工具，包括测试隔夜逆回购利率、定期存款工具等新的利率调控工具。不同于之前历次加息，此次美联储是在资产负债表空前膨胀，金融体系流动性十分充裕以及经济复苏前景仍不完全明朗的情况下推进货币政策正常化进程，这既需要协调好提高联邦基金利率和缩减资产负债表之间的关系，避免流动性急剧收缩对金融体系及实体经济造成严重冲击，又要求确保在加息过程中实现对利率的有效把控，使其真实反映美联储的政策意图，因此美联储需要建立新的利率政策框架。根据当前信息判断，美联储货币政策正常化将按照以下方式进行：

一是在货币政策正常化路径上，将按照首次提高联邦基金利率水平在先，缩减资产负债表规模在后的顺序。

美联储货币政策正常化的目标是实现联邦基金利率和资产负债表的正常化。尽管出售证券资产可以实现回收流动性和缩减资产负债表的双重目的，但在当前美国经济复苏仍需巩固，且证券资产以中长期国债和机构抵押贷款支持债券（MBS）为主的情况下，这将加大市场利率波动，抬升中长期利率水平，不利于经济和房地产市场复苏。加息先于收缩资产负债表规模将有利于美联储更好控制货币政策正常化进程，使市场注意力集中在短期利率上；首次加息后，美联

---

① 美联储会议纪要中"相当长一段时间"的措辞也曾出现在 2003—2004 年，当时的界定为六个月，耶伦今年也曾有类似表示。从 10 月结束 QE 的时点外推，6 个月后大致为明年 5 月，由于当月没有例会，首次加息最早可能在 6 月的会议上宣布。

储将停止到期债券本金和收益的再投资，让证券资产自然到期，实现资产负债表规模的平滑收缩，降低市场对美联储缩表速度的过度关注与反应。从完成时间上看，美联储预计利率将在 2017 年达到 3.5% ~4% 的长期中性水平，而资产负债表收缩将持续至 2021 年，因此利率将先于资产负债表完成正常化进程。

同时，尽管美联储已经确认联邦基金利率仍将是主要的政策操作目标，但由于经过三轮量化宽松后，银行系统的准备金总额已接近 3 万亿美元，银行通过联邦基金市场借贷以达到美联储日常准备金要求的必要性已大为降低。而且，美联储的购债行动还导致大量流动性资金进入非银行金融机构，也降低了联邦基金利率指导其他货币市场利率的有效性。为此，美联储在首次加息时：一是可能对联邦基金利率计算方法进行调整。目前的联邦基金利率基于银行间隔夜准备金贷款的经纪人交易计算，参与者主要是美国国内银行、政府支持企业和外资银行。未来美联储计算该利率时可能扩大银行间贷款的定义范围，纳入包含银行间隔夜准备金贷款直接交易、欧洲美元交易等系列更为广泛的交易，从而提高联邦基金利率的真实性和可靠性。2014 年 4 月 1 日起美联储已经开始向 165 家国内银行以及外资银行在美国的分支机构收集以上数据。二是以 25 个基点的目标区间范围替代固定数值。在美联储对联邦基金利率操控有效性减弱的情况下，设置目标区间无疑是更为现实的选择，也有利于减少对市场的频繁干预。但随着利率区间的提高，浮动的联邦基金利率将增大以其为基准的其他短期利率和利率衍生品定价的难度，引发隔夜拆借市场紊乱，损及其政策利率目标的功能定位。因此美联储可能在首次加息后随调控工具的完善逐步回归固定数值的利率设定模式。三是利用其他货币政策工具确保对利率水平的有效把控。大萧条以来，美联储一直通过公开市场操作调控联邦基金利率。自 21 世纪初，美联储利率政策操作开始向利率走廊制度过渡，并在国际金融危机期间美联储大幅改变了贴现窗口和准备金管理制度，为形成利率走廊奠定了基础。此次加息美联储将综合利用超额准备金利率、隔夜逆回购利率、定期存款工具等货币政策工具，既是为了有效控制短期利率水平不至于其长时间跌出目标区间，更是一次对美联储新利率政策框架的实践和检验。

二是在提高基准利率工具上，将按照运用超额存款准备金利率（IOER）为主，隔夜逆回购（ON RRP）利率、定期存款工具（TDP）为辅的方式。

按照美联储目前的设计，加息初期超额存款准备金利率和隔夜逆回购利率将分别设为联邦基金目标利率的上、下限（见图1）。理论上超额准备金利率应该是联邦基金利率的下限，但由于并非所有联邦基金市场的参与者都有资格获得超额准备金利率，从而令这部分机构愿意以低于 IOER 的价格借出资金，导致实际联邦基金利率低于 IOER。ON RRP 则是指美联储向银行以及难以获得 IOER 的货币市场共同基金、投资基金和非银行存款机构等出售持有债券时的利率。通过调节 ON RRP 可以弥合货币市场分割造成的利率脱节，推动非银行间货币资金价格向联邦基金市场靠拢。当前美联储设定的 IOER 为 0.25%，ON RRP 为 0.05%，若按加息 25 个基点计算，美联储需分别提高 IOER 25 个基点，ON RRP 20 个基点，从而使联邦基金利率处于 0.25%～0.5% 的目标范围。此外，美联储还可以使用 TDF 确保利率维持在既定区间，从测试结果看，在高于基准利率的水平上，部分大银行将会以 7 天 TDF 代替隔夜存款，从而有助于美联储回收部分流动性资金。

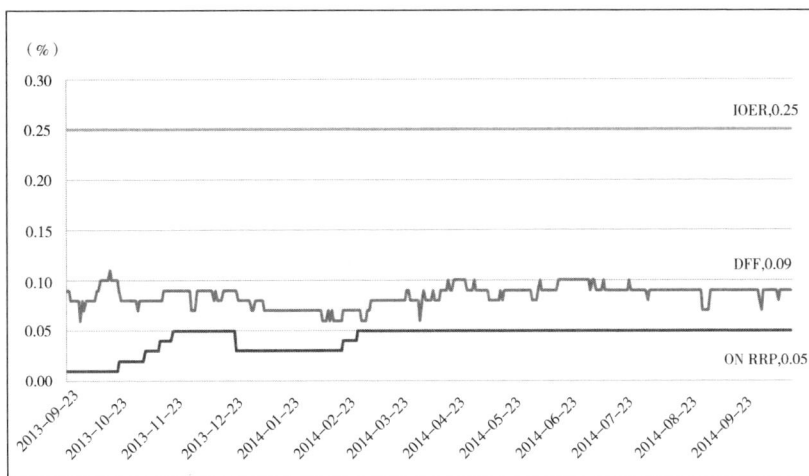

图1 联邦基金利率的区间走势

但与此同时，由于 ON RRP 的对手方较 IOER 更为广泛，一方面，其操作规模过大可能扩大美联储作为金融中介的影响力，造成市场利率的人为扭曲并损及传统的银行存款业务，而且在面临金融压力时，资金将撤出金融和实体领域，转而投入 ON RRP 避险，这将加剧市场资金压力甚至可能酿成危机。另一方面，若设置 ON RRP 规模上限，那么金融机构在风险上升时将转而选择现金、美债或其他低风险工具，这有可能使利率跌出美联储的目标区间。因此，ON RRP 运用时存在两难困境，实践中可能难以准确把握合理的运用规模，所以利率正常化过程中将仅处于辅助地位。未来随着资产负债表逐步收缩，超额准备金利率和再贴现利率上下限功能恢复，美联储将终止使用 ON RRP。

三、美联储首次加息并不意味着持续加息周期的开启

根据历史经验，美联储利率政策调整具有明显的周期性特征，上一轮加息周期始于 2004 年 6 月，经过 17 次加息在 2006 年 6 月最高升至 5.25%，此后国际金融危机爆发，美联储接连下调联邦基金目标利率并于 2008 年底降至 0 ~ 0.25% 的历史新低，一直延续至今。此次结束 QE3 虽表明美国货币政策正常化将步入进程转换阶段，但从维持充分就业和物价稳定的双重使命看，美联储短期内持续加息的条件尚不充分：

一是就业市场存在劳工资源利用率依然不足。作为耶伦长期研究并最为关注的领域，美国劳动力市场的复苏状况是影响当前美联储货币政策决策的首要因素。从美联储新编制的劳动力市场状况指数①看，尽管自 2009 年后持续改善，但指数至今仍远未恢复至危机前的水平，而且今年指数上升主要贡献来自新增非农就业人数、失业率两项指标，其他指标改善有限，表明劳动力市场复苏并不全面。同时，即便明显改善的两项指标也显示出就业市场改善的质量仍有待提高。新增非农就业中，就业岗位主要来自休闲、零售、招待以及临时工等低薪工作领域，难以推动居民工资和消费水平持续提升。失业率下降则一定程度上归因于部分失业者退出就业市场，9 月份美国劳动参与率已降至 62.7% 的 36 年新低，无疑夸大了失业率下降反映的就业改善程度。因此，除去婴儿潮一代

---

① 为更全面衡量美国劳动力市场复苏情况，美联储编制了由 19 种指标构成的劳动力市场状况指数，指标中既包含了新增非农就业人数、失业率等当前市场关注的主要指标，还纳入了职位空缺、招聘率、离职率、工时长度指标，以及包括世界大型企业研究会的就业岗位充裕度指标、美国独立工商业者联合会的招工难度指标等一系列调查数据。

退休等结构性①因素影响，美国劳动力市场仍尚未完成周期性复苏，而且长期失业者随经济复苏重返就业市场还可能推高失业率。按照亚特兰大联储的计算，以当前平均就业增长速度，就业参与率仅0.2个百分点的提升就将使失业率降至5.4%良性水平的时间由10个月拉长至14个月。

二是房地产市场复苏进程趋缓。自去年下半年开始，美国房地产市场复苏动能明显减弱，不仅房屋销量波动变大，而且房屋售价同比涨幅减缓。住房市场是推动美国经济增长的重要部门，从历史上看，住房投资和消费占美国GDP17个百分点左右，今年二季度对GDP增长的贡献达到4.2%，其表现直接影响到美国经济复苏的强劲程度。然而，去年来推动美国房地产市场复苏的供需偏紧局面正出现转变。一方面，随着新屋开工数量的增长，房地产市场供给不足的情况已有所缓解，美国房地产经纪人协会（NAR）数据显示，截至今年二季度，美国房地产库存已达到230万套，同比增长6.5%，平均去库存时间升至5.6个月，正逐步向6~7个月的正常水平回归。另一方面，由于房屋贷款申请条件更为严格、住房价格上涨以及薪资涨幅有限，购房负担加重挫伤了个人购房意愿和能力，衡量居民住房支付能力的NAR住房可支付性指数8月已降至153.8，创近年来新低。同时房屋租售比下降也降低了部分城市房地产对机构投资者的吸引力，而机构投资者是去年推动房地产市场复苏的重要力量。此外，从人口结构变化看，规模仅次于婴儿潮一代的Y世代②目前正是踏入社会独立的阶段，由于受教育程度高，许多人仍背负着高额的学生贷款，房地产网站Redfin今年一季度的购房调查显示，33%的首次购房者表示学生贷款使他们的购房行动延后了1~2年，31%的人延后了四年以上。因此，美国房地产市场今后可能进入一个缓慢复苏期，而且如果美联储启动利率正常化进程，由此导致的抵押贷款利率上升将进一步延滞房地产复苏进程。

三是财政政策正在限制经济增长。2011年以来，美国财政节支一直是拖累

---

① 美联储发布的题为《劳动力参与：最近的进展和未来前景》的报告显示，劳动参与率大约一半的降幅归因于"婴儿潮"一代进入老年期。同时，因周期性因素造成的2014年二季度劳动参与率下降约占0.25个百分点。

② Y世代指出生于1976年到2001年之间的一代人，多为婴儿潮世代的孩子，是美国"二战"后继婴儿潮世代的第二个生育高峰。

经济增长的重要因素，2013 年政府支出对 GDP 的贡献为 - 0.39%。尽管今年美国财政收入增长令赤字收窄，二、三季度财政对经济分别产生 0.31 个和 0.83 个百分点的正拉动，但前景并不容乐观。据国会预算办公室（COB）预测，美国财政赤字在 2014—2015 年下降后，将从 2016 年再次回升至 5560 亿美元，占 GDP 的 2.9%，与今年持平，2020 年将进一步升至 3.3%。因此未来财政支出对美国经济的负面影响可能在短暂减轻之后重新加大。同时，近年来民主共和两党围绕政府预算和调高公共债务上限议题激烈博弈，也给美国经济造成人为财政风险，去年 10 月两党政治博弈就曾导致联邦政府非核心部门被迫关门 16 天，并影响到美联储决策。由于当前两党尚未就 2015 财年联邦政府预算的具体支出方案达成一致，近期国会通过的临时拨款法案虽可使联邦政府运转到今年 12 月 11 日，但 11 月国会中期选举结束后，两党实力对比格局的变化可能为预算案博弈增添新的变数，届时可能造成的政府关门等风险可能对美国经济产生新的冲击。

四是外部经济环境不容乐观。在美联储始于 2004 年的加息周期启动时，世界经济已经出现明显好转迹象，尤其是中国等新兴经济体已步入新一轮高速增长阶段。据 IMF 数据，当年全球经济增速达到 4%。而当前脆弱的世界经济复苏自二季度再次出现反复，欧元区经济受乌克兰危机和俄欧相互制裁影响陷入停滞；日本经济因消费税上调下滑超出预期；中国、巴西、俄罗斯等新兴经济体也集体面临下行压力，加之地缘政治等不确定因素增多，IMF 最近已分别将今明两年的全球经济增长预期下调至 3.3% 和 3.8%。因此，在国际环境不景气的情况下，美联储决策也需要考虑外部风险以及加息溢出效应对美国经济的影响。

五是通胀压力十分有限。以历次美联储加息的条件看，通胀率达到或超过 2% 的通胀目标往往是触发加息的主要因素（见表 1）。今年以来，美国通胀率虽一度上升并超过 2%，但主要是受到能源价格波动的影响，随着近期国际油价回落，8 月通胀率已降至 1.7%，美联储更为关注的 PCE 和核心 PCE 均为 1.5%。目前来看，美国剔除能源和食品价格的核心通胀水平依然稳定，价格上涨压力主要来自服务价格上涨，尽管这反映出美国国内需求回升正对物价构成向上推力，但由于失业率较高且工资提升缓慢，未来物价上涨空间也将较为有限。从外部看，受世界经济低速复苏以及美国页岩油气开采引发的供给冲击影响，全球能源供需情况总体偏宽松，国际能源署年内已多次下调今年全球石油需求预期，国际油价短期难有显著增长，加之美元升值也将降低进口商品价格，美国未来面临的输入性通胀压力十分有限。此外，下半年来美国 5 年期和 10 年期通胀保值国债收益率与同期限国债的利差明显收窄，目前已分别降至 1.55 个和 1.2 个百分点左右，表明美国中长期通胀预期仍较为稳定。因此，在"通胀率继续低于 2% 的目标，且长期通胀预期仍很稳定的情况下"，美联储延续当前超宽松的货币政策仍有较大空间。

表1　美联储历次紧缩周期开始的经济环境

GDP 见底	失业率 见顶	首次加息时间	首次加息时的经济数据					
			失业率(%)	非农就业(千人)	制造业ISM指数	核心PCE(%)	零售同比增长(%)	消费者信心
1975Q1	1975.5	1975.6	8.8	−104	45.1	8.5	7.8	72.2
1980Q2	1980.7	1980.10	7.5	280	55.5	9.6	7.4	75.6
1982Q1	1982.12	1983.4	10.1	277	56.1	5.5	8.2	87.7
1990Q4	1992.6	1994.2	6.6	201	56.5	2.1	8.3	79.9
2001Q1	2003.6	2004.6	5.6	81	60.5	2.2	5.1	102.8
加息平均滞后21.8个月	加息平均滞后8.2个月	–	7.7	147	54.7	5.6	7.4	83.6
目前已过13个月	目前已过6个月	–	9.7	162	59.6	1.3	7.6	57.9

资料来源：李新新. 美联储何时退出零利率政策. 金融与经济，2010（04）.

综合以上分析，当前美联储短期内持续加息既缺乏经济强劲复苏带来的内在动力，也没有物价持续上涨造成的急迫压力，此轮利率正常化进程可能持续较长时间，期间利率调整还可能因经济形势的变化而有所反复。

四、美联储加息对世界经济的影响总体可控

从理论和历史经验看，美联储退出量化宽松并首次加息将抬升美国金融市场利率水平，对居民消费、企业投资以及房地产按揭贷款市场均将产生不利影响。同时也将提升国际流动性紧缩预期，引发全球股市等风险资产价格下跌，推动国际资本回流美国及美元升值，造成资本流出国金融波动和国际大宗商品价格下跌。尤其对于部分存在"双赤字"且面临较大银行和主权债务风险的新兴经济体，资本外流和外债负担加重可能导致这些国家被迫跟进加息并进一步加剧经济困难局面，不排除爆发金融乃至经济危机的可能。总体来看，美联储货币政策正常化对世界经济的影响将呈现"金融先于实体"，"国际大于国内"的格局。尽管如此，美联储加息对全球经济的冲击仍总体可控。

首先，小幅加息对美国经济的负面影响有限，从而有利于保持美国对世界经济的拉动作用。由于加息后利率仍属历史低位，金融市场流动性依然充裕，而且国际资本流入有利于压低中长期利率，短期利率小幅抬升难以对融资成本和实体经济产生大的冲击。据旧金山联储报告显示，联邦基金利率变动25个基点仅影响美国GDP增速0.26个百分点。在当前欧日及新兴经济体均面临不同程度下行压力的情况下，美国经济延续向好势头将有利于推动世界经济继续温和复苏。此外从中长期看，美联储货币政策正常化也有助于降低世界经济面临的潜在通胀和金融风险。

其次，主要发达经济体货币政策仍将继续宽松，从而为全球经济复苏延续充裕的流动性环境。如上所述，美联储货币政策正常化并不意味着进入货币紧缩周期，美国仍将在相当长一段时间内保持低利率和庞大的资产负债表规模，从而有利于延续宽松货币环境。同时，欧洲央行近期已公布资产支持证券（ABS）和资产担保债券购买计划并将于年内实施，日本央行也在经济下行和消费税可能再次上调的压力下于近期宣布进一步扩大债券购买规模，这都将有利于全球保持宽松的货币政策环境。同时，随着美联储退出步骤明朗化及市场预期逐步稳定，加息引发的股市下跌等短期市场波动有望逐步消减。

再次，新兴经济体抗风险能力已明显增强，从而有利于防止金融风险在世界范围内传导扩散。经历了1997年亚洲金融危机和本世纪初的拉美金融危机

后，新兴经济体外债占 GDP 比重、中长期外债占比以及外币债务占比等指标均已有较大改善，巴西、南非外币债务占比仅为 15% 左右，印度尼西亚、土耳其等占比相对较高的国家也没有超过 50%。而且，目前大多数新兴经济体选择了更为灵活的浮动汇率制，从而使汇率在应对资本外流时显现出较强的弹性。此外，作为新兴经济体主体的"金砖国家"经济相对稳定，支撑经济增长的有利因素也较多；以 IMF、各国央行流动性互换等全球和区域层面的协调救助机制不断完善，也均有利于遏制新兴经济体间风险的传导和扩散。

五、美联储加息对我国的影响利大于弊

当前我国经济运行仍面临一定下行压力，美联储货币政策向正常化回归将令我国所处的国际环境更趋复杂，其可能造成的金融市场波动和部分国家风险上升将通过贸易、资本和市场信心等途径对国内经济造成一定不利影响，但鉴于我国经济增长长期向好的基本趋势没有改变，资本项目尚未完全放开且拥有庞大的外汇储备，美联储政策退出对我国的影响将利大于弊。

一是有利于缓解人民币升值和热钱流入压力。今年 5 月以来，由于人民币对美元再次升值且美元对非美货币普遍走高，人民币名义有效汇率明显回升。随着美联储货币政策趋于明朗，资本回流推动美元继续升值将有利于缓解出口企业面临的人民币汇率升值压力，同时也将有助于减轻热钱流入风险，降低热钱集中进出对国内流动性调控及贸易数据真实性造成的干扰。

二是有利于缓解输入性通胀风险和资源环境压力。美元升值将推动以美元计价的国际大宗商品价格走低。下半年来，伴随美元指数的上扬，CRB 综合期货指数持续下跌，国际原油、基本金属等价格跌幅显著，而这将有利于进一步降低我国面临的输入性通胀风险，维持国内物价稳定，进而增大央行货币政策的操作空间。同时这也将有利于我国扩大利用国际资源，缓解国内面临的能源资源约束以及环境压力。

三是有利于我国在国际合作和人民币走出去过程中赢得更大主动。在美联储政策退出溢出效应显现后，国际社会对全球宏观经济政策协调、危机应对机制以及稳定货币等国际公共品的需求将随之上升，这将有利于我国借助 G20、IMF 等传统国际对话平台和组织，以及金砖国家峰会、上合组织等新兴经济体

多边机制在国际事务中发挥更大作用，也将为加速人民币国际化进程提供难得机遇。

　　此外，美联储货币政策正常化将在美国经济保持当前复苏势头的前提下推进，因此我国对美出口有望继续改善。同时，从中长期看，美国货币政策正常化将降低世界经济面临的流动性过剩和资产泡沫风险，从而有利于为我国经济营造一个相对稳定的国际经济环境。

（本文写于 2014 年 11 月）

后危机时期美国经济复苏动力探析及展望

近年来，世界经济虽已经从国际金融危机后的最低谷走出，但复苏之路仍不平坦，时至今日，欧洲、日本经济增长依然乏力，新兴经济体增速仍处于探底阶段。然而作为国际金融危机发源地的美国，其经济却成为当前全球经济中难得的一抹亮色，2015年前三季度美国GDP增速继续保持在2%的温和增长水平，公布的10月份非农就业数据大幅好于预期，不仅显示美国经济复苏依然稳固，而且显著提升了12月份美联储加息的预期。在同期我国经济仍面临较大下行压力的情况下，美国经济复苏及货币政策调整情况对我国经济的影响也进一步凸显。2015年来，作为我国第二大贸易伙伴和最大出口市场，前三季度我国对美出口同比增长6%，远高于出口总额-1.9%的降幅，成为稳定我国出口的重要力量，而且对美出口占总出口的比重也升至18%以上，为2009年以来的最高水平。但同时，下半年来美国货币政策调整预期也对我国跨境资本流动和人民币汇率的稳定造成了一定的负面影响，加大了国内金融市场风险和货币政策操作的难度。因此，分析美国经济复苏的动因并在此基础上展望其经济、货币政策的走势对于研判我国未来的外部环境具有重要意义。

一、美国经济持续复苏源自结构性改善

（一）消费仍是拉动经济的主动力，但投资对GDP增长的贡献率明显提升

美国是消费占主导地位的经济体，"二战"后美国私人消费支出占GDP的比重呈缓慢上升的趋势，消费也成为决定美国经济表现的首要因素。2010—2014年美国经济年均实现2.04%温和增长，私人消费平均拉动美国GDP增长1.38个百分点，对经济增长的贡献率平均达到70%，消费占GDP比重也提升至

68.4%。其中，以服务消费回升的拉动最为显著，车辆、娱乐商品等耐用品和食品、服装等非耐用品消费也有不同程度的增长。美国私人消费增长得益于两方面的因素：

一是"去杠杆化"完成后私人部门可以将原来用于偿债的部分收入用于消费。目前美国家庭债务占 GDP 的比重已由危机前的 100% 降至 80% 左右，偿债支出占可支配收入的比例则由 13.2% 下降至 9.9%，达到 20 世纪 80 年代以来的最低水平。

二是就业形势改善及消费信心恢复使居民消费能力和意愿增强。美国就业市场自 2010 年开始复苏，目前失业率已降至 5%，处于多数美联储官员认为的与充分就业相一致的 5.0%～5.2% 区间，就业市场供求关系改善推动了薪资的持续增长，劳工部统计的包含工资、福利和奖金的就业成本指数自 2013 年起开始加速上涨，今年一季度增速最高达到 2.8%。就业改善、房地产价格和股市走高带来的财富效应还增强了消费者对未来收入的预期，提振了消费者信心并降低了储蓄意愿，密歇根大学消费者信心指数已经突破了 2007 年金融危机前的高位，而美国个人储蓄与实际可支配收入之比则由危机后最高时的 11% 降至目前的 5%。

尽管私人投资占美国 GDP 的比重不大，但 2010—2014 年私人投资对 GDP 增长的拉动仅次于消费，年均达到 1.1 个百分点，贡献率达到 53%，显著高于危机前 5 年 17% 的平均水平，占 GDP 的比重也由 13% 上升至 16.5%。复苏阶段美国私人投资以设备与软件投资和非住房投资为主，动力主要来自两个方面：

一是企业设备老化带来的更新需求。由于前期经济复苏前景不明，企业投资意愿不足，导致老化设备的比例相对较高，设备的平均使用期限一度创 1990 年以来的最高水平，运输设备固定资产平均年限 2010 年一度达到 1995 年以来的新高。随着美国经济复苏基础渐趋稳固，企业预期经济增长将带来稳定的产品和服务需求，推动企业扩大资本性支出，升级老化的技术和基础设施以便提高员工的生产力。据统计，2009—2014 年间，美国信息处理设备和软件、工业设备、运输设备和其他设备投资等分别增长了 1.2、1.5、4.4 和 1.4 倍。

二是企业盈利改善和美联储低利率政策为企业投资提供了资金支持。经济复苏令美国企业经营状况得到显著改善，标准普尔报告显示，截至 2014 年底，

其服务所覆盖的近 2000 家美国非金融企业持有的现金和短期及长期投资达到
1.82 万亿美元，相当于这些公司总资产的 10%。同时得益于低利率的融资成
本，美国商业企业贷款和债券融资显著增长，非金融企业部门的负债规模自
2009 年的低点回升至 2014 年 22 万亿美元的水平。此外，尽管房地产复苏缓慢
制约了住宅投资的增长，2014 年仅有 5400 亿美元，仅相当于危机前最高水平的
64%，但非住宅类建设投资伴随服务业及能源、通信等行业商业活动的恢复已
基本接近危机前的水平。

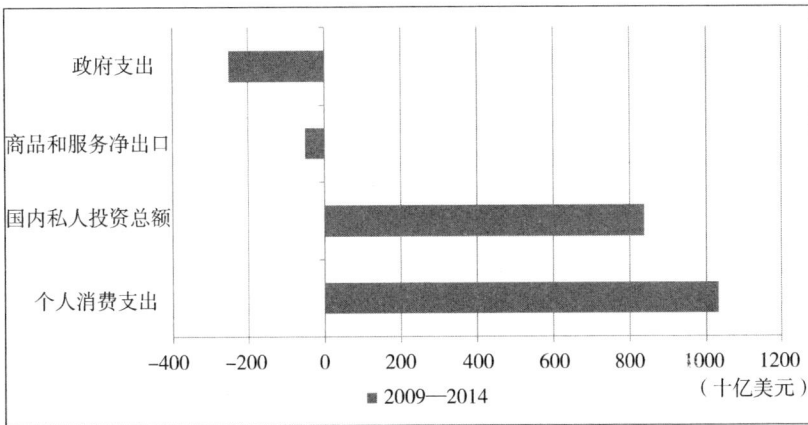

图1　2009—2014 年美国四大需求按不变价计算的增长额度

资料来源：美国经济分析局（BEA）。

（二）出口增长推动国际收支赤字收窄，出口结构进一步优化

长期以来，美国庞大的贸易赤字是拖累 GDP 增速的重要因素，也是美国经
济失衡以及高消费—低储蓄增长模式难以持续的表现。国际金融危机以来，美
国出口额从 2009 年的 1.58 万亿美元增长到 2014 年的 2.35 万亿美元，增长了
49%，出口占 GDP 的比例从 10.9% 升至去年的 14%，创历史新高。尽管这未能
扭转美国贸易整体赤字的局面，但逆差由危机前的 7000 亿美元以上降至 2014 年
的 5300 亿美元，净出口对 GDP 增长的贡献也由负转正。

美国出口的增长，一是有赖于美元贬值提升了美国出口的价格竞争力。美
国出口与美元汇率有较为明显的负向关系，弱势美元有助于在价格因素上提升

美国出口的竞争力。2009—2014 年间，受美联储数轮量化宽松政策的影响，美元指数从 2009 年最高的 88 下降至 2014 年年中的 79，降幅超过 10%，从而有效刺激了美国的出口。二是得益于出口倍增计划的政策支持。自 2010 年确立出口倍增的目标后，奥巴马政府设立了"出口促进内阁"和"总统出口委员会"，将促进出口上升为国家战略，并通过"再工业化"提升制造业的出口能力、帮助美国中小企业扩大对外出口、以金融和宣传等帮助美国企业赢得新兴市场、扩大双边与多边贸易谈判以减少贸易壁垒等举措扩大美国出口。三是页岩气革命刺激了石油产品的出口。得益于石油产品出口快速增长，目前新墨西哥、得克萨斯、路易斯安那和北达科他等主要能源州已实现了五年内出口翻番的目标。

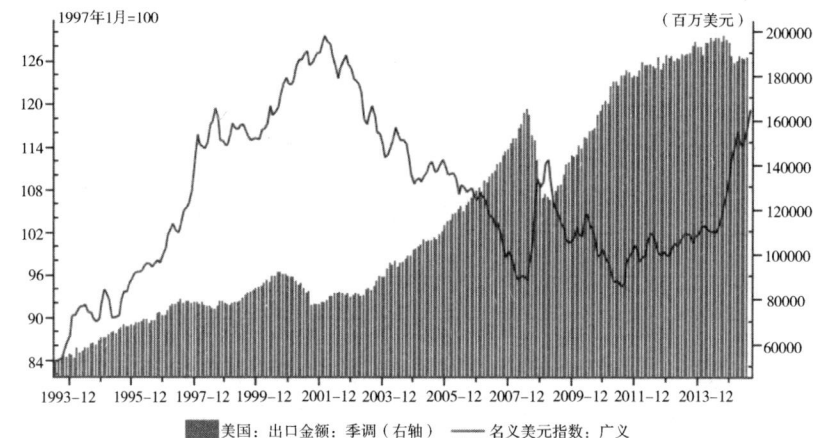

图 2　美元汇率与美国出口间的关系

资料来源：Wind 资讯。

与此增长相伴的是美国出口结构的进一步改善。作为全球最大的服务贸易国，美国服务贸易顺差由 2009 年的 1304 亿美元增长至 2014 年的 2405 亿美元。商品贸易中，发电设备、计算机、半导体芯片等资本品和原油、矿产品等中间品出口占据了美国出口的主要部分，二者占商品出口的近 70%。其中，汽车及零部件出口增长较快，占商品出口的比重由 2009 年最低时的 6.5%，上升至目前的 10%。页岩气革命也显著缩减了美国的能源国际收支赤字。石油及石油产品月度贸易逆差额由危机前最高时的 424 亿美元收窄至目前的 80 亿美元左右。

从出口地域看，尽管欧盟、加拿大、日本等发达国家依然是美国出口的主要地区，但由于经济增长缓慢，美国对这些国家出口增长有限，反而是新兴市场对美国出口增长的贡献显著。2009—2014 年美国对中国、印度、巴西、墨西哥出口分别增长了 90.7%、42.6%、78.1% 和 77.9%，同期对欧盟和日本出口仅增长了 24.5% 和 26.1%。

（三）服务业向高级化方向发展，制造业比重下降趋势暂时改观

美国经济以服务业为主，长期以来美国产业结构变化呈现服务业比重上升和制造业比重下降的趋势。2009—2014 年间，这一趋势得到暂时性扭转，服务业和制造业比重呈现相对稳定的态势，二者占 GDP 的比重分别维持在 78% 和 12% 左右。其中，拉动美国经济增长的主要是生产服务业，即专业和商业服务业、金融、保险、房地产及租赁服务业。生产服务业具有高附加值、高生产率和高知识技术密集度等特点，生产服务业的发展体现出美国经济创新驱动和产业结构朝高级化方向进一步发展的总体特征，特别是包含了行政服务和管理、法律和设计服务、科学研究以及部分科技行业的专业和商业服务业，该行业与科技发展密切相关，科技公司的发展往往带动相关专业服务业的增长，自 2009 年以来，硅谷、旧金山湾区等科技发达的大都市区也是商业服务业发展迅速的地区。而金融、保险、房地产及商务服务业在国际金融危机后也迅速恢复，占 GDP 比重恢复至危机前水平。

制造业复苏是本次美国经济复苏的一大亮点。美国最重要的制造业支柱产业为化学产品、计算机及电子产品、食品饮料和烟草、机械制造、汽车产业、加工金属制品六大行业，2013 年占整体制造业的比重达到 65.5%。而从对 GDP 增长的实际贡献而言，2009—2013 年间制造业的增长主要依赖于汽车产业、计算机及电子产品两个行业的拉动，仅汽车行业的增加值 2009—2013 年间就增长了 1013 亿美元，而整个制造业仅增长了 1350 亿美元。食品饮料和烟草、石油和煤炭产品、化学产品制造则相比危机前有明显下降。

其中汽车行业的复苏主要得益于：一是低利率货币政策为融资购车提供了有利条件。数据显示北美地区用融资方式购买汽车的比例高达 80%，其中信贷方式占 34%，融资租赁达 46%。二是国际金融危机后随着经济复苏、汽车使用年限增加以及近期国际原油价格的大幅下跌，消费者对于汽车的延期消费得以

释放。三是海外市场销售增长带动美国汽车及零部件出口攀升，季度出口值从危机后最低时的 170 亿美元增长至去年四季度的 403 亿美元，创历史新高，其中亚洲是美国汽车最大的出口地区。

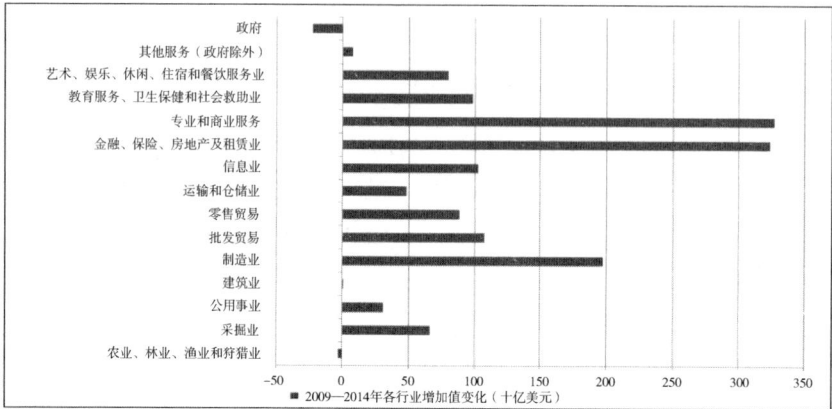

图 3　2009—2014 年美国各行业增加值按不变价计算的增长额度

资料来源：美国经济分析局（BEA）。

二、对美国经济复苏的几个判断和展望

（一）美国此轮经济复苏仍是恢复性复苏

判断美国经济复苏进程是否完成可以从供需两方面着眼，一是通过资产负债表的修复进程看需求端的改善情况；二是从产出缺口以及就业、工资的变化看生产端的恢复情况。

从资产负债表的修复看，当前美国经济复苏的动力来源主要是私人部门"去杠杆"和资产负债表修复完成后消费与投资需求的恢复性增长，但从整个国家的资产负债表调整看，这一进程远未结束。麦肯锡全球研究所的研究显示，美国第一阶段去杠杆化在 2012 年时已经接近完成，其中大约 2/3 的私人债务通过违约来完成去杠杆化，而绝大多数违约的损失最终变成了美国的国家债务。因此，第一阶段的去杠杆主要是私人部门的去杠杆，而这是以国家层面的加杠杆为代价的。当前美联储持有的抵押贷款支持债券（MBS）仍处于 1.7 万亿美元的历史高位，美国政府债务占 GDP 的比重也在继续上升，2014 年达到104.8%。因此，尽管美联储已停止第三轮量化宽松，美国财政赤字也在收窄，但其资产负债表向正常化的回归仍需一个漫长的过程。

从产出缺口的弥补看，当前美国经济尽管出现产能利用水平上升，失业率下降以及工资加速增长的迹象，但整体上仍处于向潜在增长水平靠拢的阶段。根据 OECD 的数据，美国产出缺口自 2009 年以来持续收窄，但即便到 2016 年仍将低于潜在增长水平 1.63 个百分点。而且，美国失业率下降一定程度上源于退出劳动力人口的增长，衡量更广泛失业水平的 U6 失业率今年 8 月份仍高达 10.3%，仍明显高于危机前 8% 的水平。当前工资上涨的势头也仍不稳固，美国劳工部数据显示二季度美国平均薪资仅增长 0.2%，远低于一季度的 0.7%，并创下自 1982 年有记录以来的最小增幅。从行业看部分行业的调整也未到位，受危机冲击最为严重的房地产市场从房屋销售、营建支出等指标看仍未恢复至正常水平，建筑业就业人数仅恢复至 1998 年时的水平。

（二）当前美国经济结构出现的变化并未偏离其长期发展趋势

国际金融危机以来美国经济的结构性变化主要体现在制造业、出口比重的回升以及服务业内部高级化的发展，但这并不意味着美国经济结构自金融危机后出现了趋势性的转变。

首先，美国制造业复苏尚难以表明"再工业化"取得实质性进展。"再工业化"包含高端制造业的发展和中低端制造业的回归两个方面。国际金融危机以来美国制造业的快速复苏并非源于中低端制造业企业的回归，而是以耐用品制造为代表的资本技术密集型行业的增长。2014 年美国食品、服装等非耐用品制造业生产指数仅为 93.1，远低于 2007 年 100 的水平。而在耐用品制造行业中，美国重点发展的计算机和电子产品、航空航天设备等先进制造业虽然危机后均实现了一定增长，但对制造业复苏贡献最大的仍是汽车业，而这很大程度上归因于耐用品更新换代需求的释放以及低利率政策的刺激。而且美国制造业占 GDP 的比重在短暂提高后近年来再次下降，2014 年已降至 12%。

其次，美国出口比重提升的趋势难以持续。美国出口的核心竞争力仍在服务贸易和高技术产品上，从历史数据看二者除在经济危机爆发和复苏初期为负增长外，其余时间均保持增长且相对稳定。其他商品贸易则受汇率和外部市场需求变动的影响较大，在 TPP 短期内难以产生实质性贸易促进效果、TTIP 仍在僵持、美元步入强势周期以及新兴经济体增长放缓等因素的影响下，美国出口后续增长可能会相当乏力，实际上美国出口增速自 2011 年后已持续下降，尤其是今年以来，美国月度出口已连续 7 个月同比负增长。

再次，以科技创新引领的美国生产服务业和高端制造业仍是美国产业发展的主方向。作为全球创新能力最强的国家，美国未来的经济增长引擎仍将来自科技创新。随着美国经济的复苏和企业投资意愿的增强，美国创新能力也在恢复，这也将有助于保持专业和商业服务业、计算机和电子产品制造等相关生产服务业和高端制造业的继续健康发展。世界知识产权组织（WIPO）数据显示，继 2013 年国际专利申请数量超过国际金融危机前的水平后，2014 年美国国际专利申请数量再增长 7.1% 至 6.15 万项，创历史新高，居各国之首。而且从研发投入看，目前美国研究和开发投入增速仅为 1% 左右，远低于危机前 3%～4% 的水平，处于历史上的低位，未来仍有较大的增长空间。

（三）美国经济复苏仍面临着诸多挑战

尽管美国经济目前已步入持续自主复苏轨道，但未来的复苏之路并不平坦，依然面临着诸多风险和挑战。

首先，财政"去杠杆化"将对经济产生长期性制约。据国会预算办公室（COB）预测，美国财政赤字在 2014—2015 年下降后，将从 2016 年再次回升至 5560 亿美元，占 GDP 的 2.9%，与 2014 年持平，2020 年将进一步升至 3.3%。因此未来财政节支对美国经济的负面影响可能在短暂减轻之后重新加大。同时，由于共和党在去年 11 月国会中期选举后执掌两院，加之 2016 年总统大选临近，民主、共和两党围绕政府预算和调高公共债务上限议题激烈博弈，也可能给美国经济再次造成人为财政风险。

其次，零利率政策调整增大金融市场风险。长期的接近于零的超低利率政策刺激了美国金融市场的膨胀。美国证券业及金融市场协会（SIFMA）数据显示，截至 2015 年年中，美国债券市场规模达到 39.5 万亿美元，跻身全球最大金融市场之列，这一规模是美国股市的 1.5 倍，其中高收益企业债规模的增长尤为迅速。据彭博社数据，自 2009 年以来美国垃圾级公司债券规模已经达到 2.1 万亿美元，是 2003—2008 年期间发行规模的 2 倍多。同时，随着美国国内大型债券基金发展壮大，机构投资者的广泛参与也令债券市场波动更容易产生连锁放大的效应。一旦美国低利率环境发生改变，融资成本提升将增大企业信用风险，进而可能波及金融市场的稳定。

最后，海外风险上升加大了美国面临的政策困境。尽管美国此轮经济复苏更具内生性，但外部环境依然会对美国经济复苏势头能否稳固产生重要影响。下半年来新兴经济体增速放缓以及出现的金融动荡给全球经济前景蒙上阴影，并一度造成美国国内金融市场的显著波动。而且，自美国启动货币政策正常化进程以来，美国自身的政策调整已经与外部环境的变化间形成负反馈效应，从而加大了美国面临的政策困境。9 月份美联储延迟加息的重要考虑之一也是来自外部经济和金融动荡的风险。

综合以上分析，可以判断美国经济将在资产负债表修复带动下的恢复性增长和科技进步带动下的创新性增长推动下延续复苏势头。由于去杠杆进程和产出缺口修复仍未完成，新一轮科技产业革命尚未形成规模，恢复性增长仍是美国经济复苏的主要特征，因此美国 GDP 增速将低于近 20 多年来 3% 的平均值，维持在 2.5% 上下的温和水平。同时，由于经济复苏温和且受到内外风险等不确定性因素的影响，美联储即便年内首次加息后也并不意味着持续加息周期的开启，此轮利率正常化进程可能持续较长时间，期间利率调整还可能因经济形势的变化而有所反复。

因此，未来一段时间美国经济保持温和复苏以及货币政策的渐进式调整总体将有利于为我国营造相对稳定的外部环境，但不排除因短期经济波动或政策调整引发金融市场和资本流动波动的可能。为此，我国在稳定对美出口的同时也要与美加强政策沟通，积极防范市场波动。此外，我国也应借鉴美国经济结构调整和发展高科技产业、生产服务业的经验，推进国内经济结构转型升级，并通过加快自贸网络和标准建设，为 TPP 协定可能造成的贸易转移效应提前做出准备。

（本文写于 2015 年 11 月）

美元步入升值周期的影响及应对建议

自 2014 年下半年美元步入上升通道以来，美元指数距离再度突波 100 点关口已是咫尺之遥。从历史经验和当前形势判断，美元汇率很可能将步入 20 世纪 70 年代以来的第三轮升值长周期。

一、美元继续走强将是大概率事件

20 世纪 70 年代布雷顿森林体系崩溃后，美元经历过两轮较为明显的持续升值阶段，第一次是 1980—1985 年，美元指数在 5 年时间内由 84.1 点最高上涨至 164.7 点，涨幅接近 100%；第二次是 1995—2002 年，美元指数由 80 点最高上涨至 121 点，涨幅超过 50%，涨势持续长达 7 年。从两轮驱动美元持续上涨的共性因素来看，支撑美元强势的底气主要来自美国在全球经济的调整中实现了基本面和政策面的两方面"领先"：

一是美国经济基本面领先于其他国家进入复苏周期。受第二次石油危机冲击，20 世纪 70 年代末西方发达国家经济陷入普遍低迷，1982 年后美国在此轮危机中率先实现复苏，当年美国在 OECD 国家的国内生产总值中的比重上升到 40.4%，1983 年和 1984 年美国 GDP 增速分别达到 4.6% 和 7.3%，不仅远远快于西欧各国，也高于日本，而这也增强了国际社会对美元的信心，推动国际资本流向美国。同样，20 世纪 90 年代得益于信息技术革命的推动，美国进入了"二战"后持续最长时间的经济增长，1994—2000 年年均 GDP 增速达到 4%，远高于 3.4% 长期趋势平均增长水平，从而支撑形成第二次美元牛市。当前美国主要经济指标都延续向好势头，自主复苏的内生动力得到进一步巩固，而欧元区、日本经济刚走出衰退的泥潭，新兴经济体更处于增速下行阶段，经济基本面将为美元走强提供坚实的基础。

二是美国货币政策面领先于其他国家进入加息周期。20 世纪 80 年代初，为应对美国国内高达两位数的通胀，时任美联储主席的沃克尔采取了紧缩性的货币政策，联邦基金利率最高一度升至 22% 以上，导致同期与欧洲、日本等地的利率水平差距拉大，吸引资本流入美国，推高美元汇率。同样出于对通胀前景的担忧，美国在 1994—2000 年间经历了两轮加息，第一次是 1994—1995 年，美联储连续 7 次加息，联邦基金目标利率最高升至 6%；第二次是 1998—2000 年，美联储连续六次加息，最高升至 6.5%。期间尽管因东南亚金融危机等影响有所下调，但也基本处于 90 年代来的高位，这使得美国与主要发达经济体利差扩大，导致资金持续流入并推高美元。当前欧元区、日本以及大多数新兴经济体都维持着进一步宽松的货币政策取向，而美联储已经开始考虑启动加息进程，耶伦近期已释放出年内加息的信号。在美联储再次领先于全球货币政策转向的背景下，将支撑美元汇率走高。

此外，从前两轮支撑美元走强的因素看，地缘政治动荡（如 20 世纪 80 年代初苏联入侵阿富汗、两伊战争爆发）、金融动荡（如 20 世纪 80 年代的拉美债务危机、1998 年东南亚金融危机）、重塑美元在国际货币体系中的霸主地位（如 20 世纪 90 年代克林顿政府推行强势美元政策）也是助推美元走强的重要因素。当前中东地区、乌克兰的动乱局势都可能再度恶化，希腊债务问题等也可能反复。同时，美元适度走强也有利于改善国际金融危机以来美元在国际货币体系中地位相对下降的局面，吸引资本流入为美国财政和经常账户赤字融资。综合来看，美元进入第三轮升值长周期将是大概率事件，考虑到此次美国经济复苏和加息进程更为温和，美元升值的步伐将较上两轮周期更为平缓。

二、新兴经济体最易受到美元走强的冲击

从前两轮强势美元对世界经济的影响看，美元走强时期往往是新兴经济体的风险高发期，如 1982—1985 年拉美地区爆发债务危机，1994—2001 年间墨西哥、东南亚、韩国、俄罗斯、巴西、阿根廷先后爆发金融危机。从危机爆发传导的途径看，美元走强主要从以下三个方面对新兴经济体产生影响：

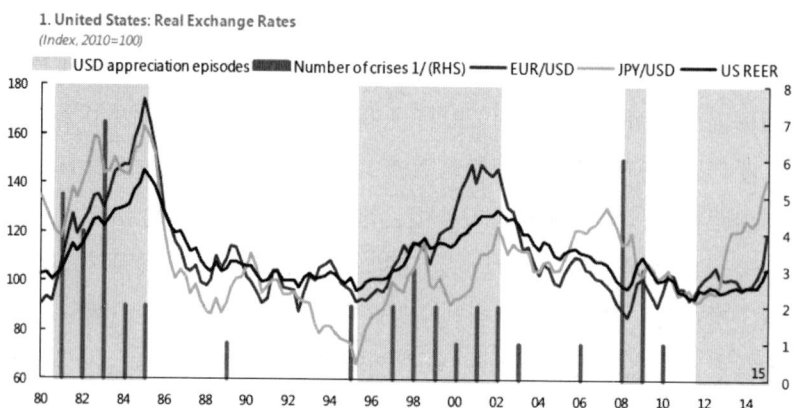

图1 美元升值期间金融危机的发生情况

资料来源：IMF。

一是加重以美元计价的偿债负担，增大债务违约风险。新兴经济体为弥补经济快速发展过程中存在的储蓄与外汇"双缺口"，往往大量对外举债，导致较高的外债水平，而这也使其偿债能力在面临债务计价货币汇率波动时更为脆弱。据世界银行数据，上述爆发金融危机的国家中，巴西1985年时的外债规模占GDP比重为50%，墨西哥1994年外债占GDP的比重为58%，1998年马来西亚、泰国、印度尼西亚外债占GDP比重分别高达59%、94%和159%。尽管当前新兴经济体外债负担仍整体低于前两轮时的水平，但由于近年来因经济增长压力加大及美联储零利率政策刺激，新兴经济体的外债规模增长较快，如马来西亚2013年外债占GDP比重已升至68%。国际清算银行（BIS）数据显示，2008年以来新兴市场借款人总共发行了约2.6万亿美元的国际债券，其中大约3/4以美元计价；跨国银行向新兴经济体发放的跨境贷款在2014年年中达到3.1万亿美元，其中大部分以美元计价。如果美元继续走高，无疑将进一步提升新兴经济体信用违约风险。

二是加大本币贬值压力，加剧资本外流风险。在新兴经济体面临增速放缓和货币政策依然宽松的情况下，美元升值将直接加大新兴市场货币贬值的压力，尤其是对于采取钉住美元汇率政策且外汇储备有限的国家更成为危机重灾区。东南亚金融危机期间，泰国、菲律宾、马来西亚、印度尼西亚等国先后被迫放弃钉住美元的政策，允许本币大幅贬值，由此造成资本外流加剧和通胀攀升，令经济陷入衰退。尽管各国已实行了更具弹性的浮动汇率政策，而且外储也更为充沛，但新兴经济体货币仍在美联储货币政策正常化的进程中出现了数轮大幅度的贬值，目前衡量大多数发展中国家货币对美元汇率的摩根大通新兴市场货币指数已降至该指标创设以来的最低水平，同时伴随而来的还有数次大规模的资本外流。据荷兰国际集团（ING）的数据，2014年下半年美元升值期间全球15大新兴经济体经历了金融危机以来规模最大的资本外逃。在此背景下，美元走强将进一步加剧新兴经济体面临货币贬值和资本外流压力，威胁到这些国家金融体系和实体经济的稳定。

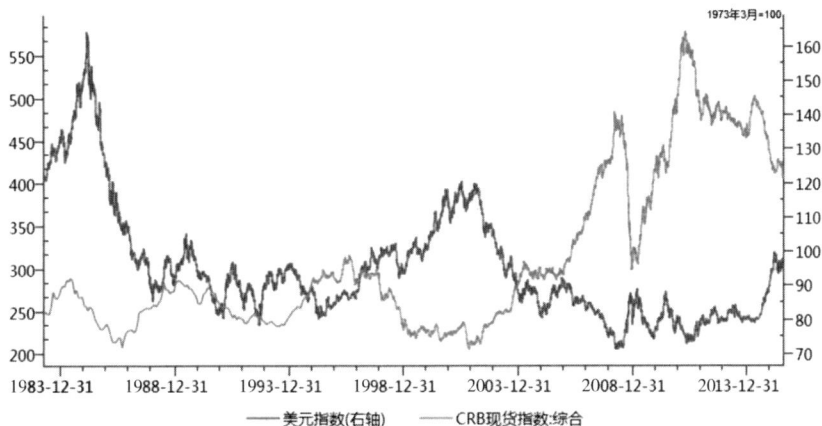

图2　美元指数与大宗商品价格走势情况

资料来源：Wind 资讯。

三是加重大宗商品价格下行压力，降低资源出口的创收能力。由于国际大宗商品通常以美元计价，美元和大宗商品价格之间呈现出显著的负相关性。CRB综合现货指数在20世纪80年代初及90年代中后期美元升值的过程中均有明显的下降，其中WTI原油价格从1985年的每桶30美元降至90年代的20美元附近，期间还两度触及11美元，导致当时对原油出口极为依赖的苏联以及后来的俄罗斯及产油独联体国家经济困难局面进一步加剧。经历了2000年以来的大宗商品价格上涨周期后，许多新兴经济体经济增长和政府财政收入对资源出口的依赖有增无减，如墨西哥国家财政收入有1/3来自石油部门，俄罗斯来自油气产业的财政收入占比接近50%。而2011年以来，国际大宗商品价格进入下行周期已经对资源出口型国家经济造成严重冲击，彭博追踪的22种大宗商品中目前已有18种资产价格跌幅都达到或者超过了20%。由于国际大宗商品供过于求的局面将延续，美元升值无疑将进一步加剧国际大宗商品价格的下行态势，令巴西、俄罗斯、南非以及东南亚、拉美和中东地区的部分资源出口型国家经济雪上加霜。

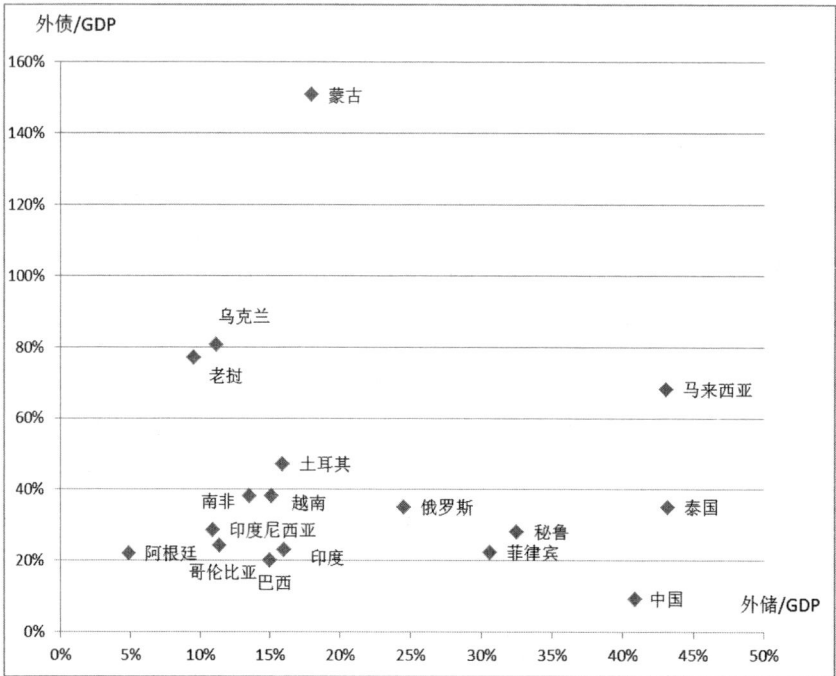

图3 2013年部分新兴经济体外债和外汇储备情况

资料来源：世界银行。

综上所述，美元走强将进一步加大新兴经济体面临的外部压力，尤其可能对蒙古、土耳其、南非、俄罗斯、印度尼西亚、乌克兰金融和经济的稳定性造成较大冲击，而其他新兴经济体也将面临本币贬值和资本外流加剧的局面。但考虑到美联储加息的速度可能较前两轮更为缓慢，而且经历了1997年亚洲金融危机和 21 世纪初的拉美金融危机后，新兴经济体外债占 GDP 比重、中长期外债占比以及外币债务占比等指标均已有较大改善，能够较好地抵御美元升值带来的负面影响，新兴市场不会出现系统性风险。

三、美元走强将令我国外部环境更趋复杂

当前我国经济运行仍面临一定下行压力，尤其外部环境的变化加大了我国经济面临的风险和不确定性。一方面，作为传统的拉动经济增长的"三驾马车"之一，外需不振与人民币实际有效汇率高企令出口增长乏力，难以对经济增长起到有效的拉动作用；另一方面，随着国内外经济联系的日益密切，全球经济增长和货币政策取向分化导致我国跨境资本波动加剧，容易与国内金融市场形成共振，并对市场波动起到放大助推作用。在此背景下，美元走强将令我国所处的国际环境更趋复杂：

一是加大人民币对美元的贬值压力。自去年下半年美元走强以来，人民币对美元贬值预期明显提升，在岸人民币与离岸人民币之间价差持续维持在负的 200 个基点左右，1 年期人民币 NDF 3 月中旬一度升至 2012 年 9 月来的高位。为减小人民币对美元汇率中间价与市场均衡汇率间的差距，近日央行连续大幅下调人民币兑美元汇率中间价，已降至 2012 年 10 月以来新低。尽管央行表示当前不存在人民币汇率持续贬值的基础，但下半年美元走强无疑将再次增大人民币面临的贬值压力，目前离岸人民币价差与人民币 NDF 均显示出强烈的走贬预期。由于此次美元可能进入升值长周期，这不仅将构成人民币汇率长期贬值压力，还可能与资本外流形成负反馈循环，进一步加剧资本流出和人民币汇率贬值预期，增大央行在保持汇率向均衡汇率回归与推动人民币国际化双重目标间进行平衡的难度。

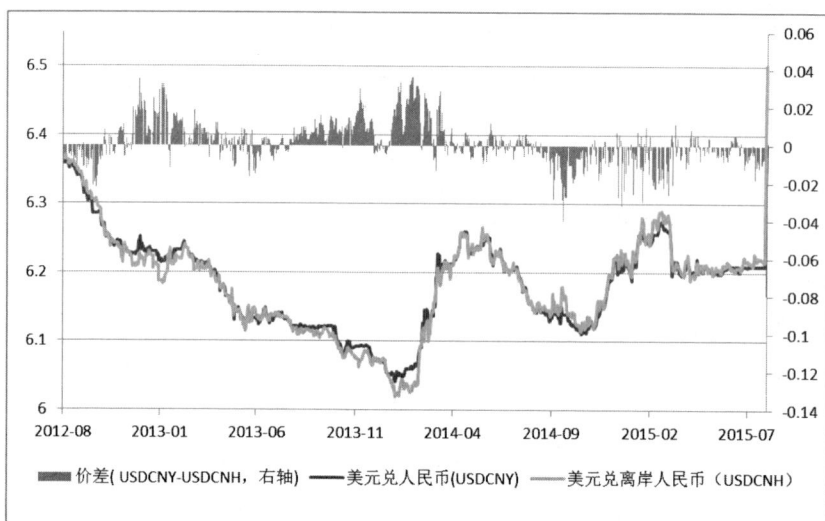

图4 在岸和离岸美元兑人民币汇率变化情况

资料来源：Wind 资讯。

二是加剧资本外流风险。我国近年来跨境资金流动的双向波动与美元走势具有很强的相关性。今年前两个季度，美元指数先后经历了先涨后跌的走势，最高曾突破 100 点，同期我国资本外流也出现了先加剧后缓解的过程。根据国家外汇管理局数据，在一季度资本外流压力加大的阶段，我国外汇储备下降了1130 亿美元，银行结售汇逆差达到 914 亿美元，而进入二季度后，随着资本外流压力缓解，我国外汇储备降幅收窄至 362 亿美元，银行结售汇逆差也大幅缩小到 139 亿美元。如果下半年美元走强，伴随人民币贬值预期上升，我国面临的资本外流压力将再度加大，不仅将对国内金融市场稳定造成负面影响，还可能将迫使央行强化针对资本外流的监管，人民币资本项目的双向放开短期内也将难以实现。

三是加重企业美元债务成本。受益于美联储量化宽松政策带来融资成本下滑以及美元持续贬值，同时由于国内融资难、融资贵的问题较为突出，我国企业近年来在美元市场融资的规模迅速攀升。国际清算银行（BIS）发布的季报显示，在报告期的 18 个月中，对中国发放的跨境银行贷款总额已经增加逾一倍至1.1 万亿美元，同时，中国以国际债券形式借入的债务总额达到 3600 亿美元。

在美元走强及人民币贬值压力提升的情况下，我国企业的海外偿债负担也将明显加重。根据彭博社数据，中国企业负担着5290亿美元的以美元及以欧元计价的债券和未偿贷款，仅8月11日央行将人民币中间价下调1.9%，我国企业的债务就将增加100亿美元。如果人民币在强势美元影响下继续贬值，我国企业将面临更大的偿债压力。

四是加大我国海外投资风险。近年来我国企业对外直接投资保持快速增长态势，2014年我国对外直接投资额首次突破千亿美元，达到1029亿美元，累计非金融类对外直接投资达到6463亿美元，其中新兴经济体是我国对外投资的重要目的地。由于美元走强将对部分新兴经济体造成较大冲击，甚至不排除引发经济危机和政治动荡的可能，这不仅会影响到与我国既有协议的顺利执行，而且可能对正在执行的协议造成损失，危及我国海外项目的收益前景和资产安全。如去年泰国政局动荡已导致我国"高铁换大米"计划搁浅，乌克兰政权更迭也令之前双方达成的能源、基建、港口、航空、粮食等投资合作协议出现变数。继去年底取消与我国企业所签的高铁协议后，由于国际油价大跌导致政府收入锐减，今年初墨西哥政府决定暂停无限期搁置墨西哥城至克雷塔罗的高铁项目。

综合来看，美元走强除加大人民币汇率波动和资本外流压力外，其可能造成的国际金融市场动荡和部分国家风险上升将通过贸易、资本和市场信心等途径对国内经济造成一定不利影响，但也要看到，由于我国经济增长长期向好的基本趋势没有改变，资本项目尚未完全放开且拥有庞大的外汇储备，美元走强对我国的负面影响整体较为有限。

四、政策建议

针对美元走强可能对我国经济造成的各种风险，我国应加强对美联储及主要国家货币政策走向及跨境资本流动异常波动的跟踪研究，增强对各国央行尤其是主要国家货币政策信息的敏感度，建立针对全球范围内风险事件的金融预警和风险防范机制，做到未雨绸缪。同时，美元走强也并非对我国有百害而无一利，其对于我国释放人民币对其他货币的被动升值压力，降低能源资源进口及对外并购成本，扩大全球金融话语权都提供了难得机遇。为此，我国应积极采取措施顺势而为，变风险为机遇。

一是完善人民币汇率形成机制，加快人民币国际化进程。在当前的汇率制度安排下，美元升值一方面将加大人民币对美元的贬值压力，但另一方面也将令人民币对其他货币被动升值的幅度扩大。根据国际清算银行（BIS）数据，自去年美元升值以来，在人民币对美元汇率基本稳定的情况下，人民币实际有效汇率指数大幅攀升，今年6月份达到130.08，仅略低于3月份时创下的该指数历史高位。为此可保持人民币对一篮子货币汇率维持相对稳定，扩大人民币汇率双向浮动区间，完善人民币汇率形成机制。同时，借助其他国家货币贬值而人民币相对强势的时机，大力发展人民币直接投资、跨境贸易结算和离岸人民币市场建设，促进人民币在境外流动。

二是扩大能源资源类产品进口及储备，鼓励资源开采型企业"走出去"。长期看，随着世界人口增长和新兴经济体城市化进程的不断推进，未来全球资源约束趋紧的大趋势难以改变，我国能源资源的对外依存度也还可能进一步提高。根据BP最新的《2035世界能源展望》预测，中国到2035年将超过欧洲，成为世界上最大的能源进口国，进口依存度将从15%升至23%，其中石油进口依存度将从2013年的60%升至2035年的75%，天然气依存度从略低于30%升至超过40%。因此，可借助国际大宗商品价格低迷和国际矿业开采企业经营困难之机，适度扩大国内紧缺大宗商品的进口并替代国内相关资源的开采，加快原油、铁矿石、稀有金属、农产品等重要战略物资的储备能力建设，鼓励企业适时通过参股、并购等方式介入国外能源、资源开采类项目，从而为我国长期内保障能源资源供应安全，提高在国际大宗商品市场定价中的话语权打下基础。

三是扩大在全球金融领域的影响力，树立负责任的大国形象。金融动荡时期也往往是加快国际金融治理变革的有利时期。在美元走强的溢出效应显现后，国际社会对全球宏观经济政策协调、危机应对机制以及稳定货币等国际公共品的需求将随之上升，这将有利于我国借助G20、IMF等传统国际对话平台和组织，以及金砖国家峰会、上合组织等新兴经济体多边机制在国际事务中发挥更大作用。我国可一方面通过全球央行和财长会议等多边和双边对话机制，加强与美国的货币政策沟通和协调，推进宏观经济政策协调发展，降低政策外溢效应对我国的冲击；另一方面可在出现全球金融动荡时扮演积极的建设性角色，强化与其他国家在应对汇率波动方面的合作，通过扩大相互之间货币的双边及多边结算，规避对美元汇率的波动风险。建立共同基金，必要时弥补成员国家因资本大规模外流而导致的国际收支缺口，维护地区金融和经济稳定，扩大在全球事务中的影响力，并以此推动 IMF、世行等国际金融机构改革进程向有利于我国的方向进一步发展。

（本文写于 2015 年 8 月）

总统大选难改美国经济政策及中美关系发展大趋势

随着美国大选电视辩论的举行，希拉里与特朗普围绕美国总统的角逐也步入最后冲刺阶段。在当前世界经济增长低迷，美国经济复苏放缓及政策溢出效应加大的背景下，总统大选结果揭晓及后续可能的政策调整都将给美国和全球经济以及中美关系的发展带来诸多不确定性。

一、竞选主张分歧难改美国经济政策趋势

总统大选对美国经济的短期影响在于大选结果不确定性造成的经济波动，中长期影响则体现在新领导人上台后施政理念、方针改变引发的后续政策调整。当前，美国大选不确定性已经对美国经济造成一定负面影响，尤其是对不确定性反应较为敏感的投资支出。由于希拉里和特朗普在财税、贸易、能源、移民等领域的理念存在较大分歧，胶着的选情令企业投资决策更为谨慎。美联储在经济褐皮书中指出，大选是造成达拉斯、克利夫兰、波士顿等地方联储银行辖区企业对前景持谨慎态度的原因之一。去年四季度以来，美国经济增长显著放缓，其中私人投资对经济增长的贡献率分别为 -0.39、-0.56 和 -1.34 个百分点，成为拖累经济增长的重要原因。

而在 11 月 8 日大选结果尘埃落定后，无论是民主党还是共和党赢得大选，美国政府经济政策的连续性都将面临一定考验。近年来，在全球经济大变革、大调整的背景下，随着经济的逐步恢复，奥巴马政府的经济政策重心也由短期经济刺激向中长期重新巩固美国在全球经济体系中的霸主地位转变：财政政策由全面紧缩转向适度扩张；货币政策由极度宽松向正常化回归；贸易政策由鼓励出口转向更加注重引领新一轮贸易投资规则的制定；能源政策由单纯实现能

源独立向更加注重经济的清洁能源化转型，并争当全球应对气候变化的领导者。整体看，希拉里当选虽会对奥巴马政府的政策进行修改和调整，但有望整体保持现有政策的延续性。反之如特朗普当选，其在实际政策落实中尽管可能并不会像竞选中的主张一样激进，但仍将给美国经济带来更多的政策变数。同时，通过梳理二人的竞选主张也可以看到，无论谁当选，美国未来经济政策上都存在四个不变的大趋势：

一是美国政府债务规模继续攀升的趋势难以改变。得益于连续的大幅缩减开支及经济增长带来的税收增加，美国财政恶化的趋势近年来有所改善，2015年政府赤字缩减至4387亿美元，占GDP的比重降至2.5%。随着财政状况好转及货币政策在刺激经济方面的局限性日益凸显，奥巴马政府提出从2016财年开始全面扭转财政紧缩政策，加强科研、教育、培训和基础设施等重点领域的投资，以巩固中产阶级，提升经济竞争力。然而，美国整体债务规模攀升的趋势并未得到逆转，未来人口老龄化带来的福利支出刚性增加及债务积累和利率提升导致的利息支出增长都将进一步增大美国政府的债务负担。美国国会预算办公室（CBO）预计到2026年公众持有的政府债务占GDP比重将由当前的73.6%攀升至85.5%，创"二战"以来新高。

对此，特朗普更加注重优先发挥财政对经济增长的刺激作用，寄希望于通过经济总量的扩大实现低税率下的财政平衡。通过大规模的减税，鼓励家庭消费和企业投资，同时加大基础设施建设投资。希拉里则相对更注重财政在促进经济增长和维持债务可持续性间的平衡。一方面通过对高收入群体增税、降低遗产税征收门槛及对总部转到海外的美国企业课征"离开税"（Exit Tax）等增加财政收入，另一方面同样主张加大对基础设施建设方面的投入，但资金规模仅为特朗普的一半。根据Tax Policy Center测算，如果按照特朗普最初的减税计划，未来10年美国财政收入将减少9.5万亿美元①，而希拉里的方案则会令美国政府收入增长约1.1万亿美元。因此，特朗普当选短期内虽有利于发挥财政

① 特朗普最初提出三挡税率分别为10%、20%和25%，之后改为12%、25%和33%。共和党总统候选人特朗普非正式顾问Larry Kudlow表示调整税收计划后，可能会使这一数字降低，降至不到3万亿美元。

政策刺激作用，但可能急剧增大美国债务风险；希拉里当选美国财政虽更具可持续性，但可能短期抑制高收入家庭消费和投资的积极性。而且，CBO预计未来十年美国债务将增长9万亿美元，无论二人谁当选都难以改变美国债务继续攀升的趋势。

二是货币政策维持宽松的态势难以改变。在经历了三轮量化宽松政策后，美联储在2014年底启动了货币政策正常化进程，并于2015年底宣布了八年来的首次加息。当前美国失业率已降至5%的充分就业水平附近，核心CPI已经连续10个月达到或超过2%，单以充分就业和通胀稳定的双重使命看，美联储进一步提高利率的条件已成熟。但同时，此轮美国经济复苏并不强劲，过快加息带来的融资成本上升、美元升值以及政策溢出导致的外部风险上升都也将对美国经济产生不利影响，维持货币政策适度宽松也有其合理性。

尽管美联储具有法律上的独立性，而且耶伦反复声明美联储货币政策决议并不受党派政治左右，但由政治不确定性带来的经济风险无疑是美联储决策需要考虑的重要因素。希拉里和特朗普都支持对美联储进行改革，但希拉里除主张银行高管不应进入地区联储银行的董事会外，竞选中基本遵循了近年来总统不评论央行货币政策的传统。作为具有民主党背景的美联储主席，耶伦有望在希拉里当选后延续当前的货币政策退出路径。特朗普不仅赞同对美联储货币政策进行审计的提案，更多次公开质疑美联储的独立性，认为低利率政策催生资产价格泡沫，严重损害美国储户的利益；指责耶伦延缓加息以维持奥巴马任期内的经济繁荣，帮助希拉里竞选总统，并提出撤换耶伦。但特朗普并不反对低利率政策，而且认为强势美元有损美国企业的利益。由于共和党仍把持国会参众两院，大选后美联储都将面临来自总统或国会的政治压力及人事方面变动的可能，尤其是特朗普当选后尽管美国低利率政策环境有望延续，但美联储货币政策退出路径及决策进程都将面临更多不确定性。

三是倡导贸易自由的总体姿态难以改变。国际金融危机以来，在奥巴马"出口倍增计划"、美元贬值以及页岩气革命的推动下，美国出口占GDP的比例从10.9%升至去年的14%，创历史新高。随着出口的恢复，奥巴马政府加速推进TPP、TTIP谈判以期主导新一轮国际贸易投资规则的制定。但同时，受美国经济结构调整影响，传统能源及制造业工作岗位大量流失，蓝领阶层倾向于将国内经济困境归咎于全球化和外国竞争，美国国内反全球化和贸易保护主义的倾向明显升温，并在此次大选中反映突出。

由于美国普通民众，特别是能左右大选结果的蓝领与中产阶级通常对自由贸易协定可能对其利益构成的伤害保持高度敏感和警惕，特朗普从参选之初就公开反对TPP，并主张提高进口关税，计划重新就北美自由贸易协定进行谈判。这不仅帮助特朗普赢得了众多选民支持，而且分化了民主党的民意基础。为此，作为TPP曾经的支持者和推动者，希拉里为争取支持者也最终决定改变立场，转而公开反对TPP。尽管如此，考虑到共和党倡导自由贸易的传统以及希拉里为胜选刻意转变立场的成分，无论谁当选总统，美国未来以反倾销、反补贴等手段实施的传统贸易保护可能有增无减，但难以采取更为激进的贸易保护措施，美国经济自身也难以承受由此引发的贸易战。同样，TPP作为美国维持其全球经济主导地位的贸易战略，反对TPP更多的是候选人为了胜选摆出的政治姿态，尤其是希拉里当选后，TPP很可能在经过一定修订后最终获得国会批准。

四是能源迈向自给自足的进程难以改变。页岩气革命推动的美国能源行业发展成为金融危机后拉动美国经济复苏的重要因素，页岩油气资源的开发不仅带动了相关行业的投资和就业，也加速了美国能源独立进程，降低了石油进口。但同时，奥巴马政府也在争取在全球应对气候变化行动中有更大作为，主张削减传统化石能源使用、大力发展风电和太阳能，由此对煤炭、石油等传统化石能源行业造成冲击。

在能源政策上，希拉里和特朗普分歧明显。希拉里明确表示将延续奥巴马政府的环境政策，支持"清洁能源计划"和巴黎气候协定；反对在美国近海、北极地区的石油开采，在可接受的范围内支持页岩油气发展。同时，希拉里支持大力发展清洁能源，主张联邦政府对可再生能源尤其是太阳能和风能进行补贴，建立清洁型国家电网。特朗普则更强调传统能源的开采利用，主张捍卫煤炭行业，呼吁增加化石燃料钻探，减少环境监管，取消奥巴马政府对能源行业的限制，支持美国石油出口。因此，虽然都支持低油价，但二人不同的能源政策主张将直接影响甚至决定美国未来的能源消费结构以及原油开采、生产和出口，由此将给国际原油价格带来更多的不确定性。不过也要看到，不管支持化石能源还是清洁能源，其都是要实现美国能源的对外依赖，因此无论谁当选，美国将继续向能源独立的目标迈进。

二、中美关系将面临新的磨合

中美关系是两国最为重要的双边关系之一。作为事关未来四年美国内政外交走向的大选，也将对中美关系产生重要的潜在影响。目前尽管美国大选结果存在较大不确定性，但无论希拉里还是特朗普当选，从两人针对中国议题的表态及美国总统政治周期对中美关系影响的历史经验看，短期对华政策示强的可能性较大，中美关系在今后一段时期将面临新的磨合，可能延续"先抑后扬"的传统走势。

一是中美经贸摩擦短期内可能有所升温。希拉里和特朗普竞选期间都曾公开批评中国，希拉里更将中国视为美国国家发展模式和国际领导地位的双重威胁。同时，民主党在贸易上较为注重保护国内劳工权益，希拉里如当选会在经贸议题上将基本延续奥巴马政府的政策，在 TPP、TTIP 议题上适当调整后也将总体持支持态度；共和党虽有支持贸易自由的传统，但特朗普也在竞选时表示应对中国商品提高关税来保护美国就业，并将中国指为汇率操控国。因此，美国在中美贸易摩擦解决、投资协定谈判中可能采取更为强硬的态度，设置更高门槛。

二是中美气候变化领域合作存在较大变数。奥巴马政府执政期间，中美在应对全球气候变化领域的合作成为中美合作中的亮点之一。希拉里在应对气候变化和发展可再生能源等方面持积极态度，部分领域的主张甚至较奥巴马政府更为激进，因此她可能延续奥巴马政府的气候变化政策。与民主党理念截然不同，共和党对气候变化议题持怀疑甚至坚决反对立场，特朗普也曾公开反对巴黎气候变化协议。因此，如果特朗普上台将极大打压中美在气候变化、减排温室气体上的合作空间。

三是中美安全领域合作挑战和机遇并存。作为美国重返亚太战略的主要推动者之一，希拉里如当选总统势必会着手强化重返亚太战略，就南海等议题对中国施压，进一步加剧南海地区紧张局势。共和党的亚太战略更加注重区域安全意义上的"再平衡"，特朗普本人也不主张在亚太地区保持强势存在，共和党上台后可能会对中东特别是反恐关注更多，可能将有助于我国周边安全局势的改善。

综合来看，美国大选后中美在构建"新型大国关系"方面将面临更多考验，但也要看到，中美作为世界上最大的发展中国家和发达国家，两国经济联系已十分密切，双边贸易额和双向投资达到历史新高，在应对全球性挑战及处理国际热点问题上也取得了显著进展。双方的共同利益远远大于分歧。因此，虽然美国历任总统在竞选阶段围绕中国议题多发表负面言论，但就职之后却都会正视中美关系的重要性，维护中美关系的良性发展。所以，此次美国大选后无论希拉里还是特朗普上台，短期内会出现一些对中美关系正常发展的干扰，部分领域的中美合作可能因政党主张不同而出现波折，但双方关系总体向前的大趋势不会改变。

三、美国大选后加强中美合作的建议

一是应继续保持高层和各级别密切交往。通过中美战略与经济对话等对话机制加强沟通和协调，发挥高层战略沟通的引领作用，推动中美增信释疑，避免战略误判，缩短大选后中美政治关系磨合期。

二是发挥中美经贸关系"压舱石"作用。推动中美以合作方式化解经贸摩擦，加强货币政策和汇率政策沟通，推动美国放宽高技术产品对华出口限制，平衡中美贸易，加快中美投资协定谈判，夯实中美互利共赢的经济基础。

三是继续以中国责任和中国理念引领全球气候治理机制建设。无论希拉里还是特朗普当选，应加强与美国在应对气候变化方面的沟通，寻求共识。在国际上继续坚持气候公约谈判在全球气候治理中的核心地位，树立中国积极应对气候变化、担当发展中国家责任的国际形象，为全球应对气候变化作出表率。

四是寻求中美合作新亮点。美国基础设施老化现象较为严重，尤其希拉里和特朗普均明确提出要开展大规模的基础设施建设。当前我国正在推进全球范围内的互联互通建设，中美可以发挥各自优势，开展基础设施建设合作，并将其作为中美合作新的突破点。

（本文写于 2016 年 10 月）

美国经济将步入"四期叠加"阶段

一、美国经济前景展望

尽管特朗普赢得总统大选令美国经济前景面临更多的不确定性，但考虑到此轮美国经济复苏具有较强的内生增长动力，而且共和党政府在经济上一般秉持"小政府、大市场"的理念，加之特朗普政策的调整和落实需要时间，期间还存在诸多变数。因此即便特朗普上台后，美国经济也难以脱离当前的大势，2017 年美国经济将步入一个"四期叠加"的阶段。

（一）经济增速换挡期

自 2009 年下半年结束衰退以来，美国经济温和复苏的势头已经保持了 7 个年头，而且近两年复苏步伐还有所加快，GDP 增速由 2013 年的 1.7% 提升至 2015 年的 2.6%，成为当前低迷世界经济中难得的一抹亮色。在经历了缓慢的经济回升之后，美国经济越来越接近充分就业水平。2016 年前三个季度，美国 GDP 环比折年率虽逐季走高，分别增长 0.8%、1.4% 和 2.9%，但平均仅增长 1.7%，较去年同期 2.2% 的水平显著放缓。其中，占美国经济总量近 70% 的个人消费开支增长较为平稳，对美国经济增长贡献分别为 1.11、2.88 和 1.47 个百分点，波动较大的主要是企业固定投资和库存。

同时，美国就业市场继续改善，失业率在年初降至 5% 后基本保持稳定，为金融危机以来的最低。根据经济学定义，当经济达到充分就业状态时，实际的 GDP 增长水平将接近或等于潜在产出增长率。美联储 9 月议息会议后公布的数据显示，被视为经济完全就业的中长期失业率预估为 4.5%~5.0%。美国国会预算办公室（CBO）预测的长期失业率是 4.9%。高盛高华采取三种方法估算的美国结构性失业率均值为 4.7%，并预计年底劳动力市场将回归充分就业。此外，从以下三个角度判断，美国经济也已经达到或接近充分就业水平。

首先，经济创造就业的步伐正在放缓。今年前 10 个月，美国新增非农就业人数月均为 18.2 万人，低于去年同期的 22.9 万人，也低于 2012 年以来月均 19 万人的水平。劳动参与率虽略有回升，但仍处于低位。不过，即便在经济较快增长的 2005—2006 年，美国月均新增非农就业人数也只是 19.1 万。而且，现在美国还面临人口老龄化的问题。美联储报告显示，劳动参与率大约一半的降幅归因于"婴儿潮"一代进入老年期。从行业数据看，除采矿业等个别行业外，制造业和服务业的多数行业新增就业已经达到甚至超过危机前的水平。因此，放缓后的非农就业增量仍属较高水平，在当前的经济运行条件下已难以创造更多的就业。此外，9 月份离职率达到 2.1%，恢复至危机前的水平；职位空缺率更一度升高至 3.9%，为 2000 年以来的新高，也反映出美国就业市场劳动力闲置的情况已显著改观。

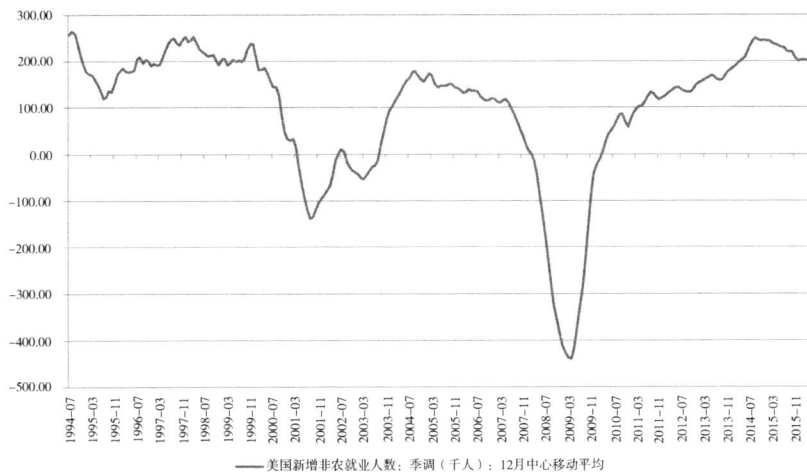

图1　美国新增非农就业人数变化

资料来源：Wind 资讯。

其次，产出缺口收窄至较低水平。经济达到充分就业水平意味着经济中的闲置资源得到有效利用，产出缺口得到修复。虽然 OECD 数据显示，美国产出缺口自 2009 年后直至 2019 年才能收窄接近零的水平，但这一定程度上是受到大宗商品价格下挫导致的采矿业及相关制造业产能利率下降的影响。据工业产能利用率数据，美国产成品制造业的产能利用率已基本接近危机前的水平，半成品制造虽略低于危机前水平，也相对平稳，未成品制造业利用率则自 2014 年下半年随国际大宗商品价格暴跌直线下降，由最高时的 88.4% 降至今年二季度的 74.7%。

再次，薪资和通胀面临一定上涨压力。根据非加速通货膨胀失业率的定义，在经济达到充分就业后，劳动力市场趋于饱和将体现为薪资上涨的压力，进而带动通胀加速提升。虽然从整体看美国私营部门平均时薪增速仍低于危机前水平；劳动力成本指数的增长也十分放缓。但从行业数据看美国薪资已出现加速上涨：除采矿业增速放缓外，制造业行业工资增速明显高于服务业增速，服务业中除信息业外，金融业、专业和商业服务业、教育和医疗服务业工资增速仍明显低于危机前水平，危机以来占据多数新增就业岗位的中低技能或低收入行业的工资则出现加速上涨的迹象。以个人口径统计薪资水平的亚特兰大联储薪资指标显示，美国 10 月份的薪资增速已经达到危机前 4% 左右的水平。而且，美国核心 CPI 自 2015 年 11 月起已连续 12 个月位于 2% 以上，医疗保健、娱乐等服务业相关的消费价格呈现加速上涨的态势。

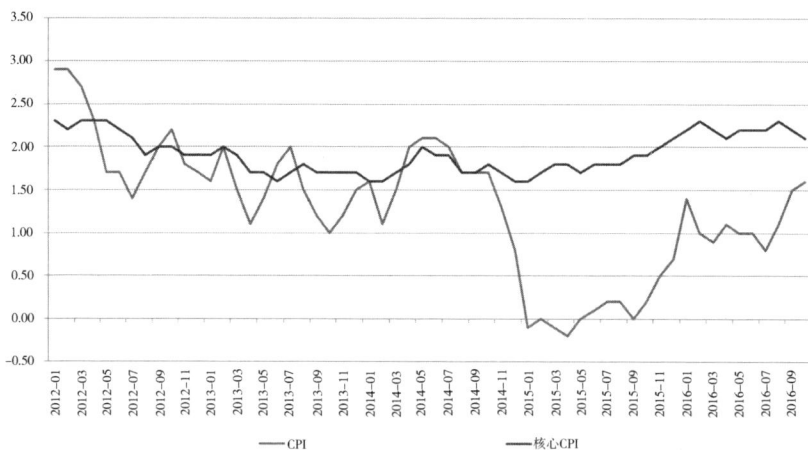

图 2　美国 CPI 和核心 CPI 同比涨幅变化

资料来源：Wind 资讯。

所以,短期内拖累美国经济的周期性因素已经逐步消退,但结构性因素仍制约着美国经济潜在增长水平的提高。从长期看,劳动生产率是决定美国经济增长潜力的关键指标。2010 年以来美国劳动生产率平均每年增幅不到 0.5%,远低于 2003 年至 2007 年年均 2.5% 的增速。截至今年第二季度,美国非农业部门劳动生产率更是连续三个季度下滑,创 1979 年以来劳动生产率下滑时间最长纪录。受劳动生产率下滑和人口老龄化等因素影响,美联储预计未来数年美国经济的潜在增长率仅为 1.6% 至 2.2%,美国国会预算办公室预计的潜在增长率为 2%,远低于历史平均水平。随着美国经济的继续复苏,美国经济逐渐接近充分就业水平,新增就业和 GDP 增速都将进一步向长期趋势水平靠拢,增速会进一步放缓。据计算,新增非农就业每月仅需达到 17 万人的平均水平,再过 12个月,美国经济就可以达到美联储预测的 4.5% 的充分就业下限。现有政策下,美国经济增速将进一步回落至 2% 附近,根据 OECD 的预测,2017 年美国经济将增长 2.1%。

因此,如果要实现特朗普主张的 3.5% ~4% 的经济增速,美国经济需额外增长 1.5~2 个百分点,这需要大规模的财政政策刺激,而这在当前美国政府债务高企的背景下难以实现。而且,在经济达到充分就业的情况下,大规模财政刺激将推动通胀快速走高,迫使美联储加快加息的步伐,这又可能导致资产价格的快速下跌进而引发全球性的金融风险。

(二)货币政策调整期

2016 年以来,美联储加息进程屡次受阻,目前利率水平仍维持在去年底首次加息后的 0.25% ~0.5%,年内美联储加息预期次数从年初时的 4 次降至目前的 1 次。这既与年初金融市场大幅动荡、英国公投意外脱欧等外部风险有关,也与上半年美国经济复苏放缓,就业数据低于预期等内部因素有关。

明年美联储货币政策仍面临着两难的抉择:一方面,随着美国经济接近充分就业水平,工资增长将推动通胀压力有所上升。当前美国物价下行压力主要来自能源和食品,价格上涨压力主要来自服务,这反映出美国国内需求回升正对物价构成向上推力。而国际大宗商品价格在今年 2 月份触底反弹,能源及进口价格下降等暂时性因素消退,明年美国通胀可能进一步上升,美联储预计明年核心 PCE 将达到 2% 的通胀目标。因此,单以实现就业和通胀目标的双重任务看，明年美联储继续上调利率势在必行。

但另一方面，在全球经济复苏不稳定，美元升值压力以及货币政策调整溢出效应加大的情况下，美联储加息的难度也在进一步加大。今年以来由美联储加息预期及国际金融市场动荡形成的负反馈循环已对美国经济造成一定影响，并导致加息进程受阻。而且，从自然利率角度看，自然利率下降将限制美联储加息的意愿。里奇蒙德联储研究报告显示，随着美国经济潜在增长率的下降，美国自然利率呈现长期下降的趋势，尤其是 2011 年以来已经逐渐微幅跌至 0 以下。不断降低的自然率水平压低了美国货币政策的实际宽松程度。由于美联储衡量通胀水平的核心 PCE 指标目前维持在 1.6% 附近，美国实际利率（联邦基金利率 – 核心通胀率 PCE）与自然利率仅相差 1% 左右，因此，当前的美国货币政策宽松程度并不像名义利率表现的那样宽松。在通胀维持在 2% 的情况下，名义利率的合适水平为 2% 左右。

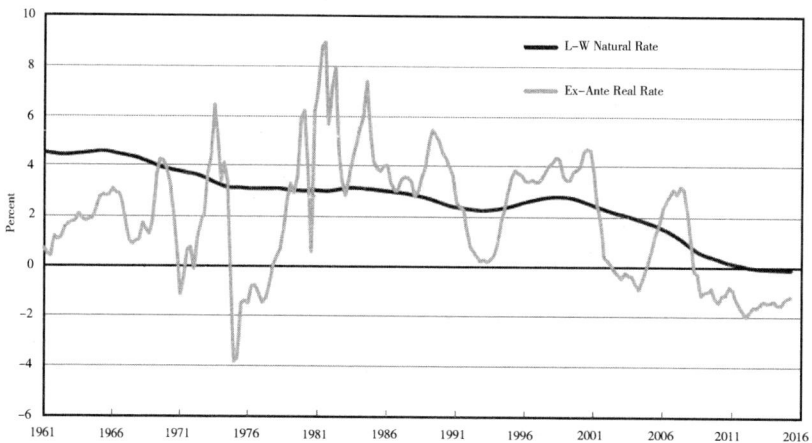

图 3　美国自然利率和实际利率变化趋势

资料来源：里奇蒙德联储。

为此，随着美国经济趋向充分就业，美联储可能会对货币政策退出路径进行新的探索或调整。一是考虑开始缩减资产负债表。在加息面临两难的困境下，削减资产负债表规模能在一定程度上弥补加息的弊端与不足。今年美联储已经做了这方面的尝试，年中纽约联储出售了 4 亿美元的国债和机构住房抵押贷款支持证券。尽管在声明中美联储强调这并不代表货币政策的改变，但此次测试情况平稳可控，未来美联储可能将调整资产负债表和加息配合作为下一阶段的货币政策组合。二是讨论提升通胀率目标的可能。随着美国自然利率接近零，已有部分学者及美联储官员认为应提高通胀目标至4%，日本央行在今年9月份已将通胀目标由2%提高到2%以上。以4%的通胀目标计算，美联储名义利率可以提升至4%～5%的水平。这样短期内可以降低加息的紧迫性，并提升通胀预期，从而可能刺激更多投资和消费。长期看可以为应对下次危机提供更大的降息空间。总体来看，在当前世界经济形势下，美国货币政策正常化进程仍将延续，但美联储可能会对退出路径进行一定的调整以适应国内外经济形势的变化。

（三）美元汇率升值期

2016年以来，美元走势波折，上半年受国际金融市场大剧烈动荡，美国经济数据连续低于预期影响，美元指数由接近99点的高位逐步下挫到92以下，跌幅达到7.6%。而6月份后，在英国公投意外脱欧，美国加息预期再度上升等因素的推动下，美元指数震荡反弹，已回升至100点以上。尽管美元未能延续2014年下半年以来的持续上升态势，但整体上仍处于周期上升趋势之中。

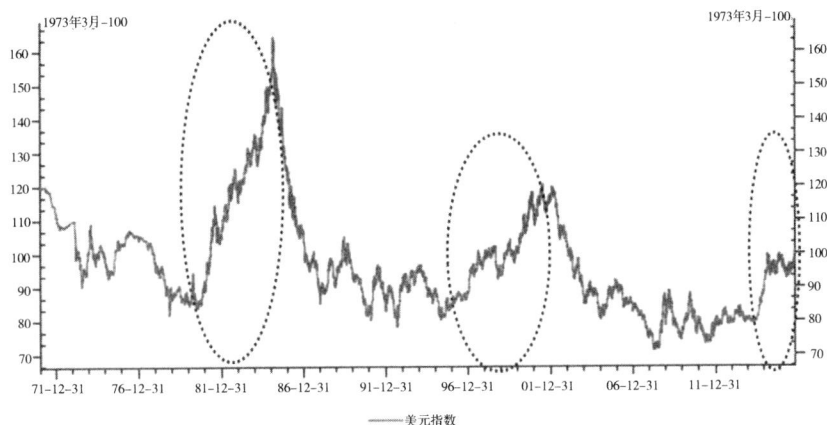

图4　美元指数走势

资料来源：Wind 资讯。

历史上看，20世纪70年代布雷顿森林体系崩溃后，美元经历过两轮较为明显的持续升值阶段，第一次是 1980—1985 年，美元指数在 5 年时间内上涨近100%；第二次是 1995—2002 年，美元指数上涨近 50%，涨势持续了长达 7 年。美元两轮持续上涨中的动力主要来自两个方面的"领先"：一是美国经济基本面领先于其他国家进入复苏周期。当前美国经济虽有所放缓，但主要经济指标仍总体延续向好势头，自主复苏的内生动力得到进一步巩固，而欧元区、日本经济增长低迷，新兴经济体更处于探底求稳阶段，经济基本面将为美元走强提供坚实的基础。二是美国货币政策面领先于其他国家进入加息周期。当前欧元区、日本以及大多数新兴经济体都维持着进一步宽松的货币政策取向，而美联储已经于去年底启动加息进程，而且市场预期美联储 12 月再次加息的概率高达63%。在美联储再次领先于全球货币政策转向的背景下，将支撑美元汇率走高。

此外，从前两轮美元走强的因素看，地缘政治动荡（如 20 世纪 80 年代初苏联入侵阿富汗、两伊战争爆发）、金融动荡（如 20 世纪 80 年代的拉美债务危机、1998 年东南亚金融危机）、重塑美元在国际货币体系中的霸主地位（如 20世纪 90 年代克林顿政府推行强势美元政策）也是助推美元走强的重要因素。当前中东局势依然不稳，英国退欧谈判存在较多不确定性且欧洲内部疑欧退欧情绪升温，明年多国迎来大选。同时，美元适度走强也有利于改善国际金融危机以来美元在国际货币体系中地位相对下降的局面，吸引资本流入为美国财政和经常账户赤字融资。

但同时也要看到，美国经济增速在接近充分就业后将有所放缓，货币政策正常化进程也可能有所调整，加之大选后特朗普上台为美国经济增添新的变数，美元过快升值将不利于出口，这都决定了美元升值的步伐将较上两轮周期更为平缓，明年美元也难以出现持续单边上扬的走势，更多表现为阶段性的高位调整，期间可能创出本轮升值周期新的高点。

（四）政府换届磨合期

总统大选对美国经济的短期影响在于大选结果不确定性造成的经济波动，中长期影响则体现在新领导人上台后施政理念、方针改变引发的后续政策调整。目前来看，尽管特朗普当选令明年美国经济面临的政策不确定性显著增大，但由于其竞选主张中存在诸多矛盾之处，特朗普政策真正落地前仍有待进一步的调整和磨合。

一是扩大财政刺激和政府债务高企之间的矛盾。虽然近年来美国财政恶化的趋势有所改善，但整体债务规模攀升的趋势并未得到逆转，未来人口老龄化带来的福利支出刚性增加及债务积累和利率提升导致的利息支出增长，都将进一步增大美国政府的债务负担。美国国会预算办公室（CBO）曾预计，到2026年公众持有的政府债务占GDP比重将由当前的73.6%攀升至85.5%，创"二战"以来新高。特朗普大力鼓吹的减税和基建项目将加速这一进程。明年特朗普就将面临政府债务上限再次上调的问题。长期看，如果按照特朗普最新的减税计划，Tax Policy Center 预计未来十年美国政府债务将大幅增加72万亿美元，美国债务问题将更加积重难返。

二是抨击低利率政策和举债开展基建的矛盾。特朗普竞选中多次公开质疑美联储的独立性，认为低利率政策催生资产价格泡沫，严重损害美国储户的利益；并指责耶伦延缓加息以维持奥巴马任期内的经济繁荣，帮助希拉里竞选总统。而且现在市场预期特朗普上台后，美国通胀预期上升和共和党的鹰派倾向将加速美联储加息的进程。11月8日以来，美国10年期国债收益率已经上升了50个基点，创去年下半年加息以来的新高，一定程度上反映了通胀预期的上升。但另一方面，特朗普也表示过其并不反对低利率政策，而且低利率实际上有利于特朗普刺激经济增长及发债进行基础设施投资的政策主张。

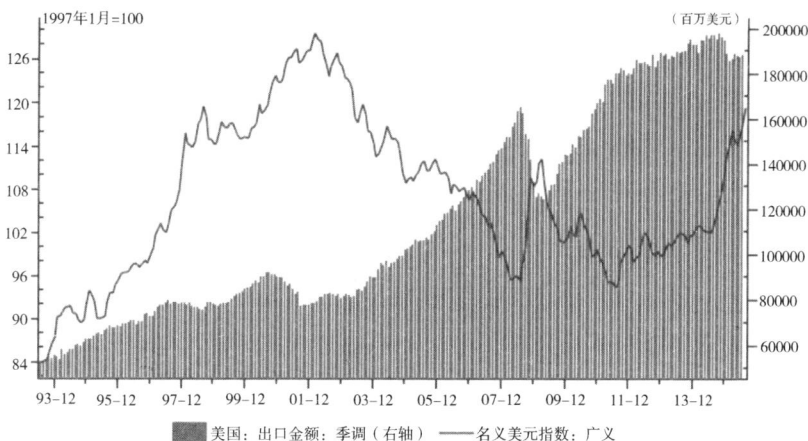

图5 美元指数与美国出口走势

资料来源：Wind 资讯。

三是鼓励制造业回流与强势美元的矛盾。特朗普赢得大选很大程度上是得到了美国蓝领与中产阶级的支持，而反对 TPP，实施贸易保护及鼓励制造业回流是其对选民在贸易政策上的重要许诺。而且特朗普也曾表示强势美元有损美国企业的利益。要提升美国制造业的国际竞争力，无疑需要实施弱势美元政策。在 2009—2014 年美元贬值期间，美国出口增长了 50%，而随着 2014 年下半年美元进入升值周期，美国出口显著下降。如果特朗普大力推进基建加减税的财政刺激政策，将继续提升美国通胀及加息预期，进一步推升美元，这不但不利于扩大出口而有利于增加进口，而且也不利于推动制造业回归和蓝领工人的就业。

因此，在特朗普政策主张本身存在三重困境情况下，明年特朗普上台后必然要更多考虑政策的可操作性和经济后果，而非简单迎合选民的诉求，其政策主张也会从竞选时的求变向上台后的求稳，从竞选时的走极端向上台后更偏中间化转变。实际上，赢得大选以来，特朗普已经在贸易保护程度、基建支出规模、撤换美联储主席耶伦等问题上态度有所软化，这也一定程度上推动了市场情绪在大选后迅速改善。明年仍将是美国新政府执政后的政策磨合阶段，减税及基建支出的规模不仅可能迫于财政及政治压力进一步缩水，而且由于需要通过国会立法或预算批准，对经济的刺激作用最快也要明年下半年或 2018 年才会见效，在此之前美国 GDP 增速和通胀将维持在 2% 左右，当前对特朗普上台后美国经济将加速增长的预期是对前期市场悲观预期的过度超调，短期内美国经济难以脱离潜在增长趋势而大幅提升，货币政策也将继续保持总体宽松的态势以稳定经济增长。

二、美国经济形势变化对世界及中国经济的影响

（一）美国经济增速换挡将拖累世界经济增长，并对我国外需构成一定影响

国际金融危机后，尤其是 2012 年以来，世界经济增长陷入持续低迷，中美两国成为拉动世界经济增长的两大引擎，根据世界银行数据，以汇率法计算，中美对世界经济增长的贡献率分别为 25% 左右。随着美国经济增长减速，世界经济也将面临一定的放缓压力。在最新的经济展望报告中，OECD 将 2016 年全球经济增速预期从 3% 下调至 2.9%，2017 年预期增速从 3.3% 下调至 3.2%，

预测下调的原因主要是发达国家增速放缓抵消了新兴市场国家经济形势好转对全球经济的改善。其中，美国今明两年的 GDP 增长预估分别下调 0.4 和 0.1 个百分点至 1.4% 和 2.1%。同时，美国经济放缓及贸易保护主义升温也将对我国出口造成一定冲击，2015 年中国成为美国最大的贸易伙伴，今年前 9 个月，我国对美国出口累计同比下降 7.8%，不仅大于总体出口 7.5% 的降幅，也大于对欧盟、日本出口的下降幅度。

（二）美联储推进货币政策退出将带动国际金融市场波动，增大人民币贬值和资本外流压力

自启动货币政策正常化进程以来，美联储向利率正常化每迈出一步都势必造成国际金融市场的阶段性动荡。由于明年加息及美元保持强势的大趋势不会改变，也必然会造成国际资本流向和国际金融资产价格的大幅波动。在此期间，我国面临的人民币贬值和资本外流压力也将显著增大。今年下半年以来，随着美联储加息预期上升和美元升值，人民币兑美元汇率中间价跌破 6.9：1，为 8 年多来最低水平。我国外汇储备也连续 3 个月下降，降至 3.16 万亿美元，创2011 年 5 月以来的新低。

（三）美国短期对华政策示强的可能性较大，中美关系在今后一段时期将面临新的磨合

中美关系是两国最为重要的双边关系之一。作为事关未来四年美国内政外交走向的大选，也将对中美关系产生重要的潜在影响。从特朗普针对中国议题的表态及美国总统政治周期对中美关系影响的历史经验看，短期对华政策示强的可能性较大，中美关系在今后一段时期将面临新的磨合，可能延续"先抑后扬"的传统走势。特别是中美经贸摩擦短期内可能有所升温。特朗普竞选期间曾公开批评中国，表示应对中国商品提高关税来保护美国就业，并将中国指为汇率操控国。因此，美国在中美贸易摩擦解决、投资协定谈判中可能采取更为强硬的态度，设置更高门槛。此外，由于共和党对气候变化议题持怀疑甚至坚决反对立场，特朗普也公开反对巴黎气候变化协议。特朗普当选也将极大打压中美在气候变化、减排温室气体上的合作空间。

（本文写于 2016 年 11 月）

95

防范美联储过快加息风险

2017 年 3 月 15 日，美联储如期宣布加息 25 个基点，将联邦基金目标利率从 0.5% ~0.75% 调升至 0.75% ~1%。尽管从加息后市场的反应和解读看，美联储此次加息并未如预期般的"鹰派"，美联储主席耶伦在会后的新闻发布会上也强调加息还会循序渐进地进行。但美联储加息的步伐已明显加快，加息的间隔由之前的一年缩短为此次的三个月，而且在此次加息之前，市场对加息的预期仅 30% 左右，但通过美联储一系列前瞻指引操作，几周之内市场加息预期迅速提高至 90% 以上，会后公布的利率点阵图显示支持年内三次加息的联邦公开市场委员会委员人数明显增多，反映出美联储内部对短期连续加息持更为积极的态度。而且，值得关注的是，美联储此次加息及对未来利率走势的预测中并未纳入对特朗普刺激政策的考虑，这意味着美联储加息仍存在较当前预期进一步加快的可能。

一、特朗普财政刺激政策将推动美国经济超过潜在增长水平

尽管去年 GDP 增速显著放缓，但自 2009 年下半年结束衰退以来，美国经济温和复苏的势头已经保持了 8 个年头。同时，美国失业率在去年下半年降至 5% 以下后基本保持稳定，2017 年 2 月为 4.7%，处于国际金融危机以来的低位。根据美联储此次议息会议后公布的数据，被视为经济完全就业的中长期失业率预估为 4.5% ~5.0%，美国国会预算办公室（CBO）预测的长期失业率是 4.9%。在经历了缓慢的经济回升之后，美国经济越来越接近充分就业水平。

根据经济学定义，当经济达到充分就业状态时，实际的 GDP 增长水平将接近或等于潜在产出增长率。当前短期内拖累美国经济的周期性因素已经逐步消

退，但结构性因素仍制约着美国经济潜在增长水平的提高。从长期看，劳动生
产率是决定美国经济增长潜力的关键指标。2010年以来美国劳动生产率平均每
年增幅不到0.5%，远低于2003年至2007年年均2.5%的增速。去年美国非农
业部门劳动生产率同比仅增长0.2%。受劳动生产率下滑和人口老龄化等因素影
响，美联储预计未来数年美国经济的潜在增长率仅为1.6%～2.2%，美国国会
预算办公室预计的潜在增长率为2%，远低于历史平均水平。随着美国经济的继
续复苏，美国经济越接近充分就业水平，新增就业和GDP增速就越将进一步向
长期趋势水平靠拢。据计算，新增非农就业每月仅需达到14.6万人的平均水
平，再过12个月美国经济就可以达到美联储预测的4.5%的充分就业下限。现
有政策下，美国经济增速将维持在2%附近，根据美联储的最新估计，今明两年
美国经济将增长2.1%；OECD预测2017年美国经济将增长2.3%。

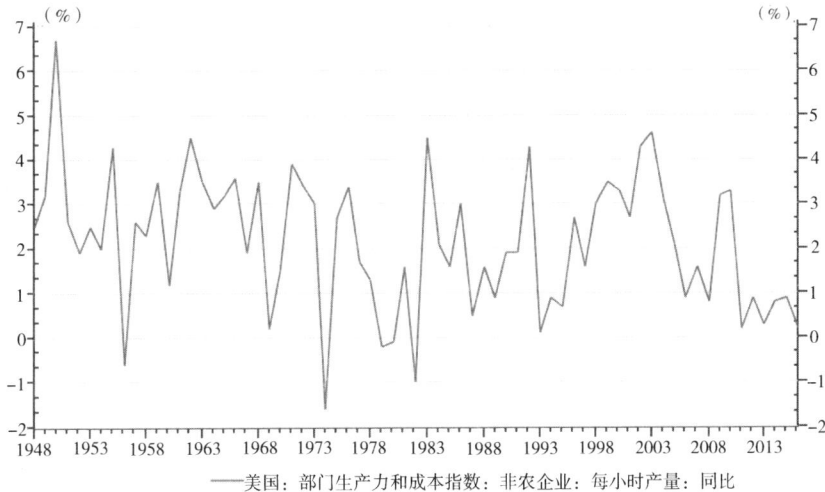

图1　美国劳动生产率变化情况

资料来源：Wind资讯。

因此，如果要实现特朗普主张的3.5%～4%的经济增速，美国经济需额外
增长1.5～2个百分点，这需要大规模的财政政策刺激。从特朗普就任以来的施
政情况看，在废除奥巴马医改法案后，将推进其大规模的减税计划。鉴于共和
党在参众两院占据多数席位，除目前争议较大的边境税外，其大幅降低企业所

得税和个人所得税的减税方案落实的可能性很大。根据 Tax Policy Center 测算，按照修正后的特朗普减税计划（主要是将最高联邦企业税率由 35% 降至 15%；将联邦个人收入所得税税率由七挡简化为三挡，并将最高联邦个人收入所得税税率将由 39.6% 降至 33%）由此带动的消费者支出和企业投资扩大将提升随后两年的 GDP 增速达 1 个百分点以上。如果特朗普政府能够在今年出台减税方案，以 2% 的潜在 GDP 增速计算，2018—2020 年期间美国 GDP 增速将达到 3% 左右，如果期间叠加特朗普提出的 1 万亿美元基建刺激，美国经济可能短期内进一步加速，超出潜在增长水平，由此造成通胀上升的压力。

二、美联储加息步伐可能较当前预期进一步加速

当前随着美国经济接近充分就业水平，工资增长已推动美国通胀有所上升。去年美国物价下行压力主要来自能源和食品，价格上涨压力主要来自服务，这反映出美国国内需求回升正对物价构成向上推力。而国际大宗商品价格在去年 2 月份触底反弹，能源及进口价格下降等暂时性因素消退，去年 12 月美国 CPI 及核心 CPI 就已经突破 2%，美联储更为关注的 PCE 也已接近 2%，今年美联储预计核心 PCE 将达到 1.9%，明年达到 2% 的通胀目标。因此，单以实现就业和通胀目标的双重任务看，今年美联储继续上调利率势在必行。而且，尽管美联储已缩短加息间隔，但从此次加息后的利率以及美联储对今明两年的利率预期看，可能仍低于与当前经济增长阶段相匹配的利率水平，未来还可能进一步加快升息的步伐。

首先，从自然利率角度，其反映了经济达到充分就业水平时应有的实际利率水平。里奇蒙德联储研究报告显示，随着美国经济潜在增长率的下降，美国自然利率呈现长期下降的趋势，尤其是 2011 年以来已经逐渐微幅跌至 0 以下。如果美联储衡量通胀水平的核心 PCE 指标今年达到 2%，此次加息后，美国实际利率（联邦基金利率－核心通胀率 PCE）与自然利率仍相差 1% 左右，按照每次加息 25 个基点的速度，仍需要加息 4 次。

其次，从泰勒规则的角度看，其确定了与增长趋势和稳定的长期通胀相适应的中性利率水平。假设 2017 年美国自然利率保持在零附近，核心 PCE 达到通胀目标 2%，产出缺口收窄至零的情况下，根据 BIS 的泰勒规则公式，到 2017

年底美国联邦基金利率应当在2%上下。所以可以得出同样结论：今年底时美国的中性利率仍较此次加息后的水平高出1个百分点。

因此，如果美国通胀因特朗普刺激政策继续走高，超出2%的通胀预期水平，就意味着与之相适应的联邦基金目标利率水平也将提升。在此情况下，美联储将进一步加快加息的步伐。

三、美联储连续加息将增大全球及美国债务违约风险

美联储过去几轮持续的加息都导致了全球爆发不同程度的经济危机，如1982年的拉美债务危机、1990年日本泡沫破灭、1997年的亚洲金融危机、2000年美国互联网泡沫破灭以及2007的美国次贷危机，其特点是在高杠杆、负债率的条件下，持续加息带来的偿付成本增加和发展中国家本币贬值所导致的债务偿付能力危机。

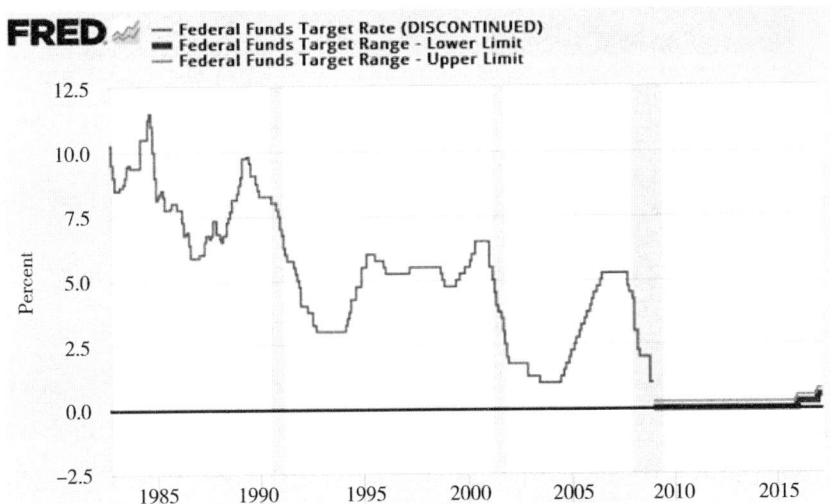

图2　美联储历次加息和经济衰退情况

资料来源：圣路易斯联储。

从美国政府债务看，虽然近年来美国财政恶化的趋势有所改善，但整体债务规模攀升的趋势并未得到逆转，目前美国政府债务已接近20万亿美元。在维持当前经济增速和现行政策的情况下，美国国会预算办公室（CBO）预计，到

2027 年公众持有的政府债务占 GDP 比重将由当前的 77% 攀升至 88.9%，创"二战"以来新高。特朗普计划推行的大规模减税和基建项目一方面将加速债务积累，如果按照特朗普修正后的减税计划，Tax Policy Center 预计未来十年美国政府债务将大幅增加 72 万亿美元，美国债务问题将更加积重难返；另一方面将促使美联储加快加息步伐，进而增大美国政府偿债负担。美国国会预算办公室今年 1 月曾测算，美联储每加息 1%，未来 10 年政府预算赤字就会增加 1.6 万亿美元。如果加息到 4%，未来 10 年政府赤字就会增加 6.4 万亿美元。

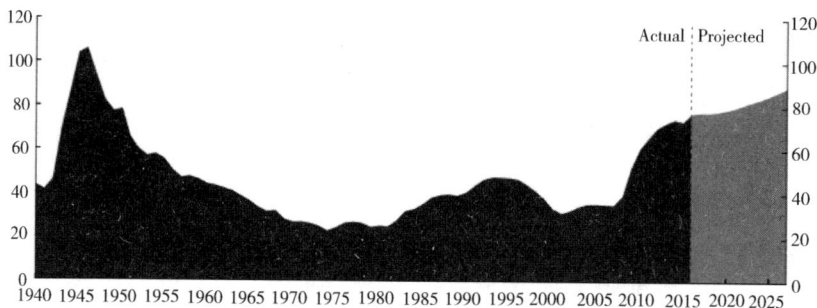

图 3　美国政府债务占 GDP 走势及预测

资料来源：美国国会预算办公室。

从美国私人部门看，国际金融危机的爆发宣告了美国高负债、低储蓄、高消费增长模式的崩溃，私人部门由此陷入持续的"去杠杆化"进程，表现为债务违约以及消费抑制。随着美国经济复苏以及美联储超低利率的刺激，美国家庭部门自 2013 年后开始重新加杠杆，而且速度在加快。纽约联储最新公布季报显示，截至 2016 年四季度，美国家庭总负债环比增长 1.8% 至 12.58 万亿美元，仅略低于 2008 年三季度的峰值（12.68 万亿美元），较 2013 年二季度的低位增长了 12.8%。2016 年美国家庭负债总额上升了 4600 亿美元，年增长幅度为十年来最大。同时，2016 年四季度，得益于股市上涨和房地产市场回暖，美国家庭净资产增长至 92.8 万亿美元，创历史新高，家庭净资产与可支配个人收入的比率达到 6.5，表明美国家庭财富增长更多依靠资产价格上涨而非个人收入的增长。在债务负担加重的情况下，利率上行将令偿债负担加重并引发资产价格回调，可能导致偿付能力危机。

从美国家庭的偿债能力角度来看，尽管当前仍处于国际金融危机以来的低位，但未来随着特朗普减税政策刺激和资产价格短期走高的刺激，居民风险承担意愿增强将导致偿债支出占可支配收入比重提高。根据美联储数据，美国家庭消费贷款的偿债率已经自 2013 年开始逐步回升，而且一般领先于住房抵押贷款偿债率 4 年左右的时间，去年四季度美国房屋抵押贷款已经增长至 2007 年三季度以来的最高水平。因此，今后美国住房抵押贷款偿债率可能开始回升，进而带动家庭部门整体偿债率再度上升。

四、美联储持续加息将加大国内宏观政策困境

美联储持续加息将对我国汇率政策和货币政策造成极大影响：

一是提升人民币贬值预期。我国在推进人民币汇率形成机制改革后，扩大了市场在人民币汇率决定中的基础性作用，人民币对美元汇率走势对中美利差的变化也更为敏感。以美元兑人民币 NDF（12 个月）作为反映市场对人民币汇率变化预期的指标，其与中美利差（10 年期中国国债到期收益率 – 10 年期美国国债收益率）间存在显著的负相关关系，尤其是 2005 年汇改后，二者之间的相关系数达到了 – 0.87，因此一旦中美利差呈缩小的变化趋势，人民币对美元汇率走贬的预期也明显升温。而且，受我国资本项目尚未完全放开的影响，人民币当前处于"一币两价"的局面。由于离岸市场汇率形成更为市场化，而在岸市场一定程度上受到央行的调控，因此也造成了贬值预期由离岸市场向在岸市场的传导，强化了在岸市场人民币汇率的贬值预期。

二是加剧资本外流压力。由于短期内难以扭转内外利差收窄的趋势，人民币贬值预期的存在将导致持续的资本外流压力，对国内金融市场构成冲击。根据国家外汇管理局数据，我国外汇储备规模已经由 2014 年 6 月时近 4 万亿美元的高点，下降至今年初的 3 万亿美元左右，而且银行结售汇自 2015 年下半年一直保持逆差状态。如果未来中美利差进一步收窄，人民币贬值预期增强，我国资本外流情况可能再度加剧，并导致我国外汇储备进一步下降。

三是加大国内利率上行压力。随着我国外汇管理体制改革不断深化，人民币汇率形成机制市场化程度和资本项目开放程度逐步提高，境内外利率联动性增强，2007年以来中美10年期国债收益率的相关系数达到了0.44，美联储加息将令我国处于三元悖论的困境：如果维持低利率，则面临人民币汇率贬值、资本外流加剧风险，导致国内资金压力偏紧，市场利率上行压力加大。如果维持汇率稳定，则需要提高基准利率水平，扩大内外利差。在不收紧资本管制的情况下，美联储加息都将使国内利率面临上行压力，而这将提高国内债务融资成本及债务偿付压力，导致债务违约风险上升。综合社科院、IMF、世界银行数据，当前我国的总杠杆率在250%上下，除了非金融企业的杠杆率偏高，达到150%左右外，去年以来在房价上涨的带动下，居民部门购房杠杆上升较快，2016年居民个人购房贷款余额平均季度增速达到31.2%，购房贷款余额达到19.1万亿元。

五、政策建议

第一，密切关注特朗普财政刺激政策落实情况。目前美国政府债务已再度逼近债务上限，对于寻求开展大规模基建和减税计划的特朗普政府，债务上限是落实其施政纲领的一大障碍，在上调债务上限以前必须先设法削减支出。特朗普政府已经公布了首份财年预算，总规模达到1.1万亿美元，其中除了将国防开支增加540亿美元，并相应地削减美国国务院、环境保护局等非国防部门的开支外，预算并未包含基建及减税计划。因此，特朗普大规模财政刺激计划的细节最早可能要在今年年中才会公布，具体实施可能要等到2017年下半年甚至2018年，未来一是要跟踪美国债务上限调整情况；二是要关注废除奥巴马医改法案的进展，这被视作特朗普政策开展大规模减税的前奏；三是要关注基建和减税计划细节公布和落实情况，以及由此带来的美国国内消费、投资、通胀数据的变化。

第二，实行更加灵活的汇率政策。汇率是美联储加息溢出效应向国内传导的重要渠道，也是可能引发中美贸易摩擦的重要因素。当前我国资本账户尚未完全放开，经常项目保持顺差及外汇储备充沛使央行具备维持人民币汇率稳定的条件。同时，人民币汇率维持适度弹性有利于降低央行干预汇率的压力及人民币汇率市场化形成机制改革的推进。因此，可根据美元汇率的阶段性走势，灵活采取汇率政策，扩大人民币汇率浮动区间，在人民币面临较大贬值压力时，积极干预稳定人民币汇率预期，总体保持人民币汇率在相对稳定的区间内波动。

第三，合理管控跨境资本流动。面对"三元悖论"，当前形势下我国应更加侧重于保持汇率稳定和货币政策的独立性，现阶段对资本项目的开放应采取审慎的原则，通过加强对资本的流入流出管理，防止国际投机资本对我国的冲击，为保证外汇市场健康有序运行和人民币汇率保持稳定创造必要的条件；进一步完善跨境资本流动统计监测体系，提高对跨境资金流出风险的监测和预警能力；鼓励吸收以直接投资为主的外资，严查虚假贸易和非法资本外逃；探索引入托宾税等价格工具调节跨境资本流动。

第四，有序推动"去杠杆"。在货币政策维持稳健中性的情况下，去杠杆一方面要控分子，即消化债务存量，控制债务增量，避免债务总量过快增长。通过促进盘活企业存量资产、推进资产证券化、支持市场化法治化债转股、加大股权融资力度等方式降低企业杠杆率；改善居民消费环境，遏制个人住房贷款过快上涨局面，优化居民杠杆结构；加强地方政府债务管理，推进政府和社会资本合作模式，保持适度合理的地方债务规模；加强金融监管，强化金融企业杠杆管理。另一方面要做大分母，通过加快供给侧结构性改革，提升经济长期增长潜力，以经济增长推动企业盈利和居民收入稳步改善，实现全社会总体杠杆水平的下降。

（本文写于 2017 年 3 月）

特朗普减税对企业竞争力和跨国企业投资决策的影响

美国税制改革是特朗普政府在"美国优先"理念指引下，巩固美国全球领导地位的核心举措。长期以来，高税负和复杂的税制成为影响美国企业竞争力和国内营商环境的重要制约因素。特朗普政府期待通过税制改革，为美国企业和国内营商环境"降成本"、"补短板"，并配合贸易保护、移民限制等政策，提升美国在国际竞争中的比较优势，引导全球产业、资本回流美国，短期内达到提高美国经济增速和国内就业的政策目的，中长期则实现美国全方位把控全球产业链和国际分工格局，重塑美国的国际竞争力，兑现"让美国再次伟大"的竞选目标。此外，最新的特朗普减税方案较之前版本最大的改变在于对富人大幅减税，这不仅是对美国国内财富的再分配，更将对全球高收入群体资产配置及资本流动产生重大影响。

一、高税负成为影响美国企业竞争力和营商环境的首要短板

（一）美国企业所得税名义税率高企

美国企业所得税由联邦和地方政府征收。其中，联邦层面的企业所得税名义税率为35%，各州和地方的企业所得税税率为5%～6%不等，根据OECD数据，2016年美国企业所得税综合税率为38.9%。而OECD各成员国公司所得税的平均税率为24.66%，美国是其中税率最高的国家。而且，不仅在发达国家中，从全球范围看，当前美国的企业所得税税率也处于较高水平。根据美国税收基金会（Tax Foundation）的报告，2003年全球企业所得税平均税率为30%，2016年已经降至22.5%。在全球188个国家中，美国是仅有的三个企业所得税

税率超过 35% 的国家，仅低于沙特（55%）和波多黎各（39%），高出世界平均水平 16.4 个百分点，绝大多数国家企业所得税税率在 15%~30% 之间。

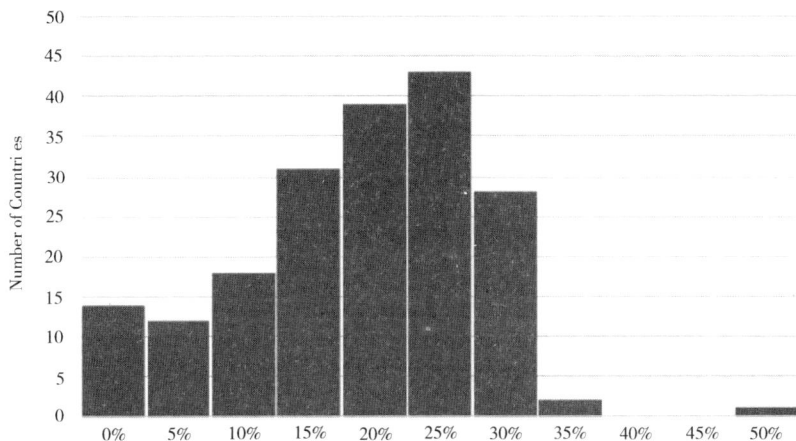

图1　全球企业所得税税率分布情况

资料来源：美国税收基金会。

（二）近年来美国企业部门的实际有效税率持续上扬

从反映纳税人实际税收负担的实际税率来看，根据美国商务部经济分析局（BEA）的数据，20 世纪 90 年代，美国企业所得税实际税率一直处于 30% 以上的高位，2000 年最高曾达到 35.5%。之后，在小布什政府减税政策和美国经济进入新一轮扩张周期的推动下，美国企业所得税实际税率呈下降趋势，最低曾降至 20% 以下。但国际金融危机以后，美国企业所得税实际税率连续回升，截至 2015 年，美国企业部门整体税前利润为 2.14 万亿美元，政府企业所得税税收为 5540 亿美元，对应的企业所得税实际税率为 26%，已经超过 2001 年时的水平。

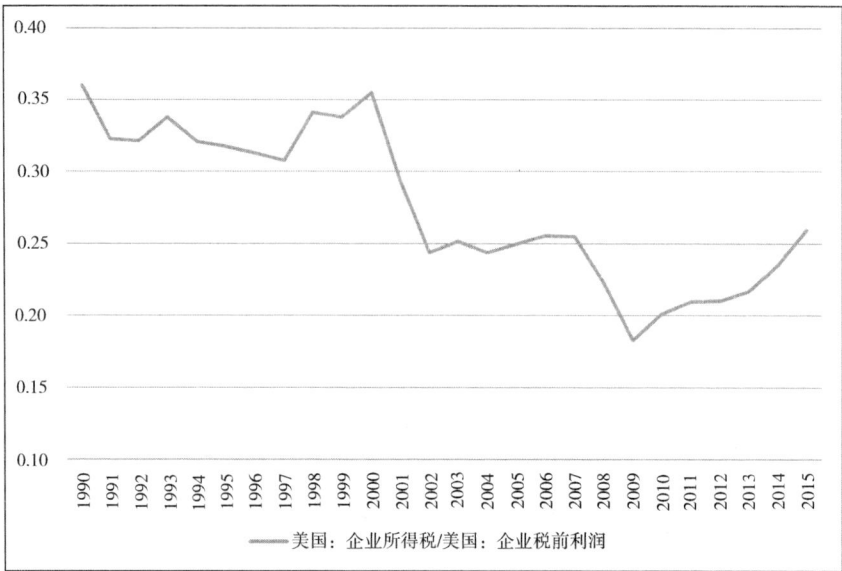

图2 美国企业实际有效税率变化情况

资料来源：BEA。

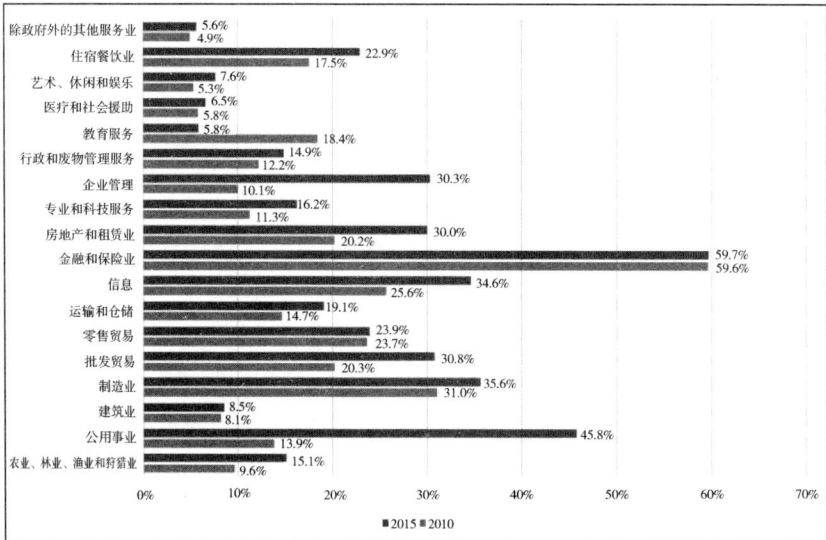

图3 美国分行业企业实际有效税率对比

资料来源：美国商务部经济分析局。

　　同时，从各行业的实际税负情况看，除金融和保险业、公用事业企业实际所得税税率高达近60%和46%外，美国制造业、企业管理、房地产和租赁、信息、批发贸易企业所得税税率也均在30%以上。而且，相比2010年，绝大多数行业实际税率都有所上升，表明随着美国经济的持续复苏，美国企业面临的实际税收负担也在加重。

（三）高税负拖累美国企业竞争力提高和营商环境改善

　　尽管美国经济的全球竞争力和营商环境处于全球领先地位，但是高税负和复杂的纳税程序已经成为影响美国经济全球竞争力和营商环境的主要负面因素。根据世界经济论坛发布的《2016—2017年全球经济竞争力报告》，美国经济的全球竞争力仅次于瑞士和新加坡，在全球138个经济体中位列第三位。美国的市场规模、创新能力、金融市场、劳动力市场效率、高等教育等指标均处于世界领先地位。然而，在对跨国公司CEO的书面调查之后，该报告认为阻碍美国经济竞争力提高最主要的两个因素是美国的高税负和复杂的纳税规定，这两个指标在16个指标的负面影响系数中占比高达28%。

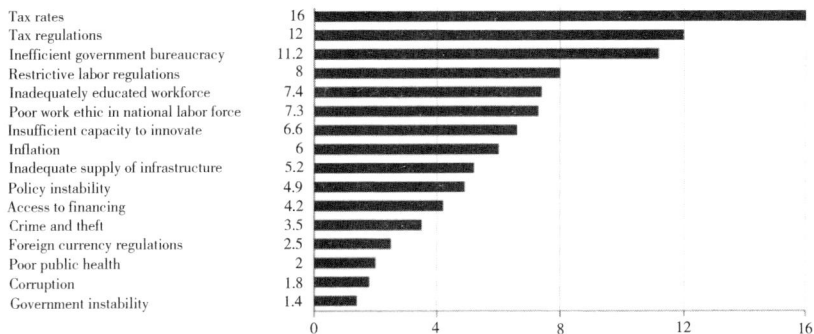

Tax rates	16
Tax regulations	12
Inefficient government bureaucracy	11.2
Restrictive labor regulations	8
Inadequately educated workforce	7.4
Poor work ethic in national labor force	7.3
Insufficient capacity to innovate	6.6
Inflation	6
Inadequate supply of infrastructure	5.2
Policy instability	4.9
Access to financing	4.2
Crime and theft	3.5
Foreign currency regulations	2.5
Poor public health	2
Corruption	1.8
Government instability	1.4

图4　影响美国竞争力的主要负面因素排名

资料来源：世界经济论坛。

　　同样，根据世界银行发布的《2017年营商环境报告》，美国在全球190个国家中排名和得分为：第9位和82.45分，在G20成员国中仅次于韩国和英国，中国排名为第78位。该《报告》评价营商环境包括十个维度：企业设立程序、施工许可办理、电力获得、产权登记保护、融资环境、中小股东保护、税收负担、跨境贸易限制、合同执行、破产程序，其中美国在融资环境、合同执行和破产程序这三个维度位居前列，在税收负担这个维度却位居第 36 位。由此可见，高税负同样是美国营商环境改善的主要拖累因素之一。

二、减税方案将整体提升美国企业竞争力

（一）有效降低美国企业税负

美国企业主要缴纳的是企业所得税，因此，所得税是企业税收支出的主体。根据美国税收政策中心（Tax Policy Center）计算，按照特朗普修正后的减税计划，如果将企业所得税税率由 35% 降至 15%，并废止企业"替代最低收入税收抵免"（AMT），那么在 2017—2026 财年，美国企业将累计减税 2.4 万亿美元。以当前美国企业税前利润的增长趋势测算，2017—2026 年美国企业累计税前收入将达到 42.5 万亿美元，特朗普减税方案为企业减负额度占到了企业税前利润的 5.6%。而且，由于美国企业所得税采取九级超额累进税率征税，因此美国大企业成为美国企业所得税缴纳的主体。根据美国税收基金会（Tax Foundation）的数据，2010 年美国 2700 家资产规模在 250 亿美元以上企业所缴纳的企业所得税占到了美国财政企业所得税收入的 69%。因此，如果将企业所得税税率降低，将极大降低大企业的税收负担。

表 1　美国企业九级超额累进税率表

应纳税所得（单位：美元）	公司税率
最初 50, 000	15%
50, 000 ~ 75, 000	25%
75, 000 ~ 100, 000	34%
100, 000 ~ 335, 000	39%
335, 000 ~ 10, 000, 000	34%
10, 000, 000 ~ 15, 000, 000	35%
15, 000, 000 ~ 18, 333, 333	38%
超过 18, 333, 333	35%

资料来源：商务部《投资美国指南》。

（二）提高本土企业产品的国内竞争力

从 20 世纪 80 年代开始，美国政府积极推动贸易投资自由化，并通过向不发达国家及新兴工业化国家转移劳动密集型产业和环境污染严重的产业，利用其他国家的廉价生产要素，实现了产业结构优化和高附加值经济发展，由此也致使美国本土中低技术制造业竞争力下降，对外贸易逆差快速增长。进口渗透率衡量了进口产品对国内同类产品的替代。在美国主要的制造业行业中，进口产品的渗透率平均达到 32%，其中服装、皮革制品进口渗透率超过 80%，计算机和电子产品、电气设备等的进口渗透率也超过 60%。

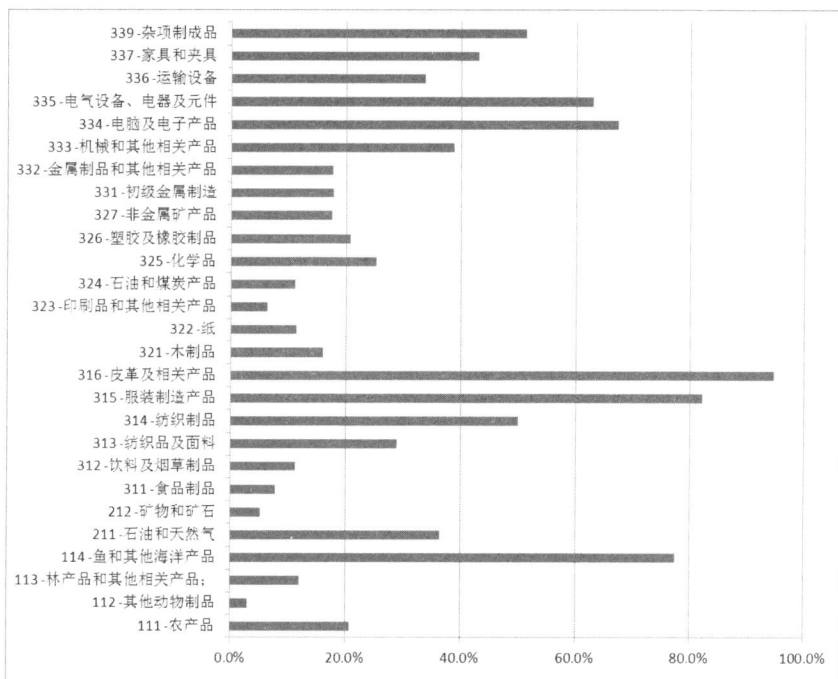

图 5 美国各行业进口渗透率

资料来源：根据 BEA、ITC 计算。进口渗透率等于行业进口除以国内消费。其中，国内消费等于行业产出减去净出口。

而从各行业的实际税负看，美国进口渗透率较高的行业也是实际所得税税率较高的行业。制造业中除石油和化学制品行业的企业实际所得税税率在 42%

~43%外,电脑与电子产品、机械设备、电气设备的实际所得税税率也处于30%~40%的较高区间。降低美国企业所得税税率,有利于提高美国本土企业产品在国内市场的竞争力。而且,2015年美国简单平均约束关税(Simple Average Final Bound)为3.5%,在WTO统计的132个经济体中排名第三位,仅次于实施零关税的中国香港和中国澳门。而同期美国主要贸易伙伴,如加拿大关税税率为6.68%、欧盟为5.05%、日本为4.6%、中国为10.02%、墨西哥为36.12%,均高于美国水平。如果美国引入边境调节税,对进口货物课征20%的关税,将极大提高美国的进口关税水平,从而帮助特朗普政府实现其"买美国货,雇美国人"目标。

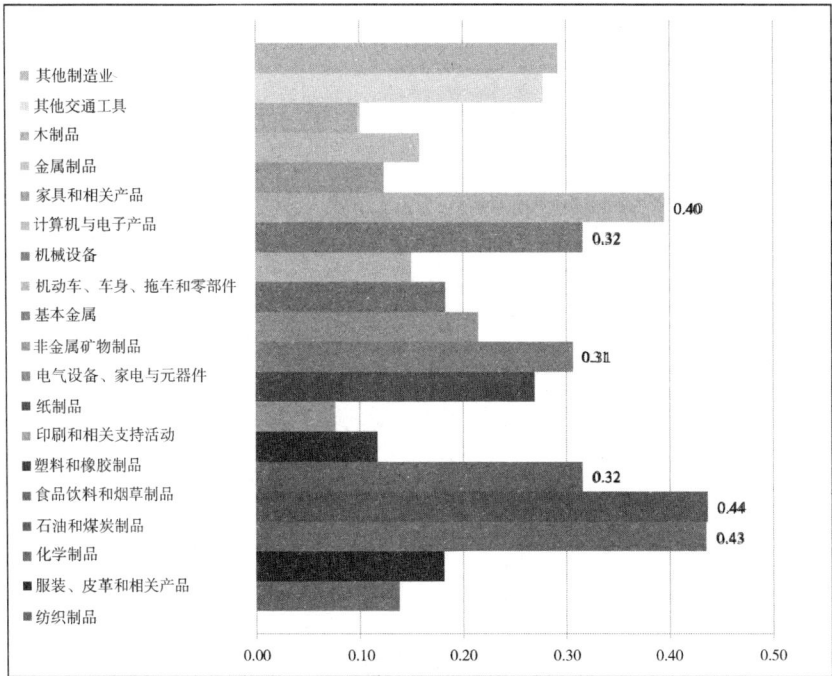

图6　美国制造业分行业实际税负

资料来源:BEA。

(三)提高美国企业出口竞争力

尽管美国政府一直在强调美国企业竞争力的下降,尤其是本土制造业企业。

但实际上，美国仍是当今全球最具国际竞争力的国家之一。作为全球第二大贸易国，美国货物贸易规模占据全球市场的10%，服务贸易占全球的14.5%。其中，美国出口占据较大市场份额的行业也往往是公司所得税实际税负较高的行业。如2015年美国金融和保险业公司所得税实际税率接近60%，而金融服务、保险服务等商业服务出口占全球同类出口的份额分别为21%和15%。信息行业公司所得税税率为35%，而与其相关的知识产权使用费收入和信息服务出口分别占全球同类出口的42%和8%。同时，美国制造业企业所得税为36%，美国制造业中电子设备、机械和运输设备、化学制品出口占全球同类出口的比重在10%左右。

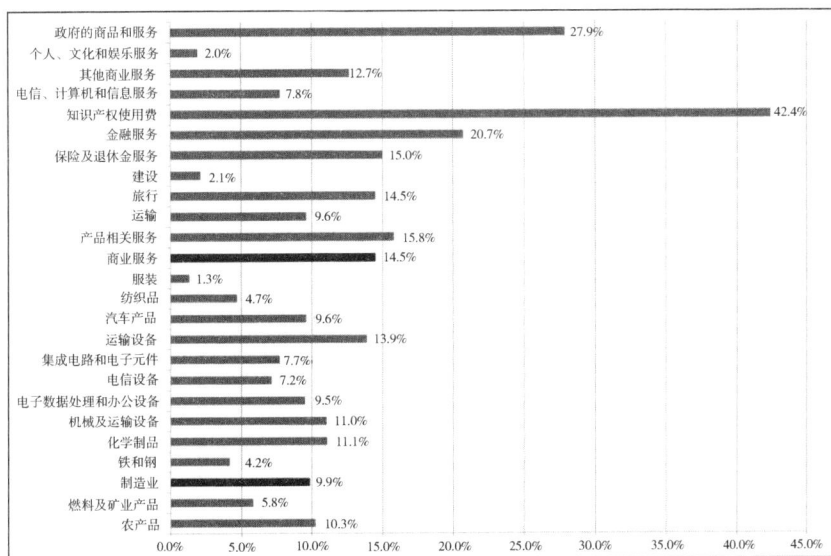

图7 美国分行业出口占全球出口的比例

资料来源：WTO。

而且，美国企业竞争力近年来随着美国经济的复苏还在不断增强。除具有显著比较优势的服务业外，根据德勤和美国竞争力委员会发布的《2016全球制造业竞争力指数》报告显示，美国制造业竞争力排名仅次于中国，全球企业CEO调查结果显示，2020年美国将超越中国重返第一位。其中，根据针对美国企业CEO的调查，美国在大部分关键竞争力驱动因素方面具有优势，包括人才、创新政策和基础设施、法律监管基础等，美国制造业竞争力的弱项主要是成本。

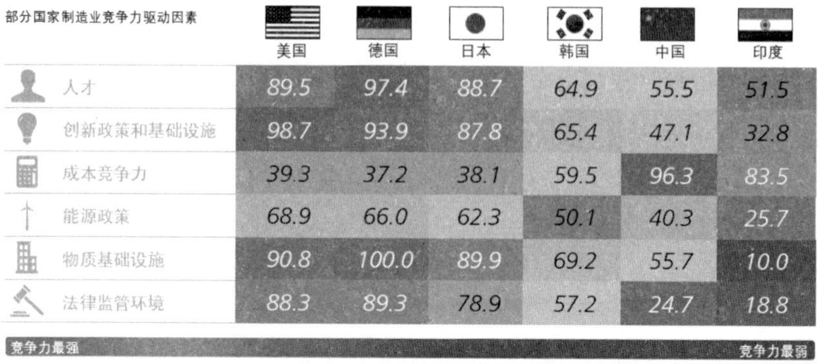

部分国家制造业竞争力驱动因素	美国	德国	日本	韩国	中国	印度
人才	89.5	97.4	88.7	64.9	55.5	51.5
创新政策和基础设施	98.7	93.9	87.8	65.4	47.1	32.8
成本竞争力	39.3	37.2	38.1	59.5	96.3	83.5
能源政策	68.9	66.0	62.3	50.1	40.3	25.7
物质基础设施	90.8	100.0	89.9	69.2	55.7	10.0
法律监管环境	88.3	89.3	78.9	57.2	24.7	18.8

竞争力最强　　　　　　　　　　　　　　　　　　　　　　竞争力最弱

图8　重点国家在关键竞争力驱动因素方面的表现

资料来源：《2016 全球制造业竞争力指数》。

根据美国 MAPI 和 The Manufacturing Institute 发布的报告，2008—2011 年间，美国制造业原料成本由高于主要的九大贸易伙伴（包括加拿大、墨西哥、日本、中国、德国、英国、韩国、中国台湾、法国）转为低 9%，但结构性成本（包括企业税收负担、员工福利、侵权成本、环保和能源成本）比主要贸易伙伴由高 17.6% 上升至 20%，因此整体上美国制造业成本比主要贸易伙伴仍高出 9% 以上。其中，企业税对结构性成本的贡献从 2008 年的 8% 上升至 2011 年的 10%。员工福利成本也大幅增长，贡献率提高近一倍。同时，《2016 全球制造业竞争力指数》中也指出，美国公共政策中给企业带来劣势的主要是公司税率、医疗保健、劳动力和境外收入课税等与税收相关的政策。而特朗普减税政策将弥补美国企业在国际竞争中的短板，如果美国推进企业税改革，将进一步提高美国相关优势行业企业的国际竞争力。MAPI 在报告中指出，如果美国能够消除结构性成本劣势，其制造业成本将低于除中国、墨西哥和中国台湾外的主要贸易伙伴。

The U.S. Has a Structural Cost Disadvantage
(Updated June 2011)

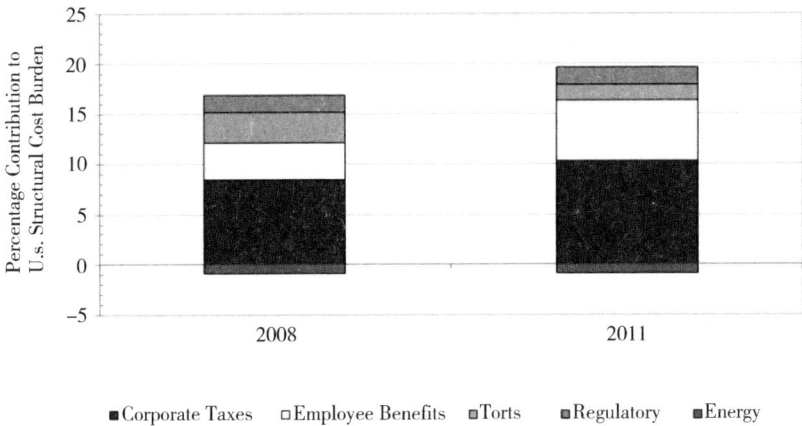

图9　美国制造业结构成本构成

资料来源：MAPI。

三、减税方案将重塑全球产业、资本流动格局

此次公布的税改纲领文件中提到，建立属地税收制度和对于美国公司在海外持有的数万亿美元开展"一次性税收优惠"，前者是针对日后海外收益汇回国内的长期优惠政策，后者是针对目前累积的海外收益的一次性优惠政策。

作为特朗普减税方案的新增内容，属地征税即只对企业在美国本土取得的收入征税。与之相对应，目前美国实行的是全球征税制度，只要是美国企业，在全球任何其他国家取得收入都必须向美国缴税。由于美国是世界上征收企业税率最高的国家之一，而美国企业在海外的收入可以享受当地政府的税收抵免，全球征税的方式一方面会导致美国企业有"更改国籍"的动力，企业的避税行为给美国带来更大的税收损失；另一方面，多数跨国企业为了避税，将收入藏于海外而不是汇回美国，导致企业在美国本土无法使用这部分收入，从而形成了所谓的"被困收入"。因此，配合降低企业所得税率，建立属地税收制度和对海外资金开展"一次性税收优惠"是特朗普政府双管齐下，建立海外资金回流机制的重要举措。

（一）推动美国资本回流及对资本留存影响

由于美国企业所得税征税对象为美国企业在本土和海内的收入，因此许多在海外设有子公司的美国大型企业为逃避国内高额的企业所得税，选择将巨额利润留存在国外。事实上这并不是美国政府第一次针对海外积存收益提出优惠政策，2004 年，为了促进就业和经济增长，布什政府就提出过国内投资法案（Homeland Investment Act，HIA，2004）作为就业机会创造法案（American Jobs Creation Act，2004）的一部分。当时也是一个一次性的税收优惠（Tax Holiday），持续时间为 2004 年 10 月 22 日到 2005 年 10 月 22 日。在这段时间内，对于汇回国内的海外收入，85% 的收入可以免税，也即税率由原本的 35% 下降到 5.25%，这远低于特朗普曾经表态的 10%。HIA 2004 还规定只有公司递交文件说明回流资金将用于企业新雇佣员工、给老员工培训、提高普通员工待遇、增加 R&D 和投资以及偿还某些特定债务，公司的回流资金才能够享受这一税收优惠。法令还严格规定回流资金不得用于高管福利、关联交易、股利发放、股票回购、证券投资、支付税收和购买国债/市政债/公司债。据美国国税局统计，该项法律的实施令 843 家美国企业汇回海外所得 3620 亿美元，仅 85 家 IT 企业汇回的资金就达到 690 亿美元。美国国家经济调查局（NBER）报告显示，2005 年回流美国的资本达到 3000 亿美元，远高于之前五年每年 600 亿美元的水平。同时，国会估计该法案在两年时间内创造了 50 万个就业岗位，JPMorgan 估计法案实施期间企业资本支出增加了 2~3 个百分点①。

根据赋税正义中心及美国公共利益研究团体教育基金两家机构公布的一项研究，2014 年美国营收排名前 500 家大企业在海外累积留存的利润超过 2.1 万亿美元，如果汇回国内，美国政府将有 6200 亿美元的税收收入。其中，仅苹果公司在海外留存的利润就达到 1811 亿美元，金额为美国企业之冠，如果苹果将这些资金从海外避税点汇回美国，估计将要向美国缴纳 592 亿美元税款。降低企业所得税后，有利于鼓励美国企业将资本回流国内，用于偿还公司债务、投

---

① Joseph F. Kovar. The 2004 Homeland Investment Act：Ripple Effects［EB/OL］. （2013 - 09 - 23）［2016 - 11 - 05］. http：//www. crn. com/news/channel - programs/240161618/the - 2004 - homeland - investment - act - ripple - effects. htm.

资新技术研发、支付股东红利以及进行收购等。而且，作为降低企业税率计划的一部分，特朗普提议把美国企业过去十年内在海外利润征收一次性的税收。尽管在最新的减税方案中没有提及税率，如果按照特朗普之前提出的10%计算，根据美国税收政策中心（Tax Policy Center）数据，这将使2017—2026年间，美国财政收入增加1500亿美元的收入，即有1.5万亿美元资金回流美国。

（二）吸引海外资本流入美国

虽然美国企业所得税高企，但依赖其庞大的市场规模、丰富的高素质人力资本、完善的法律环境和金融体系，美国依然成为全球最具吸引力的投资目的地。根据联合国贸易发展组织（UNCTAD）统计，2015年全球1.76万亿美元的FDI中，美国吸引FDI规模为3798.94亿美元，占比为21.56%，成为全球吸引FDI最多的国家。由于高税负是影响美国营商环境的重要因素，降低企业所得税将改善美国对外国企业的吸引力。而且，尽管最新的减税方案并不包含边境调节税，但确立了企业所得税的属地税收原则，今后美国企业海外利润只需要在利润产生所在国交税，而无需向美国政府交税，这也有利于降低未来美国企业将海外利润汇回国内的障碍。

（三）重塑全球财富分配格局

特朗普最新的减税方案获益最多的是高收入人群，这部分人不仅最高的个人所得税税率由39.6%削减到35%，而且还将取消AMT（替代性最低限额税）、遗产税、净投资所得税和房产税，降低资本利得税率。如果特朗普提出的这一整套计划付诸行动，处于社会最顶层0.1%的人口享受税后收入减免的额度将超过14%，远远超过其他收入群体。而且，税改方案将允许"税赋转由合伙人缴纳"（Pass – Through）类型的企业同样享受15%的企业税率，这种企业类型既包括一些全球性的大律师事务所，也包括投资合伙人形式的对冲基金，以及特朗普家族的房地产公司和品牌推广企业，无疑也有利于富人减税。亲富人的减税方案不仅造成美国国内财富的再分配，而且还将吸引全球财富流向美国。根据英国的税收正义联盟（Tax Justice Network）公布的报告显示，全球大量富豪都将财富暗中转移到海外银行账户。截至2010年底，保守估计全世界有总额高达21万亿美元的资产转移到了全球各地的所谓避税天堂，如百慕大群岛、开曼群岛、英属维尔京群岛等，其中有9.8万亿美元属于约9万名富豪。美国是全球热门的资产转移目的国，仅在中国，根据中信私人银行与胡润研究院发布的《2016 中国高净值人群出国需求与趋势白皮书》显示，66% 的中国高净值人群海外置业首选美国。而且，由于美国已于 2014 年 7 月开始实施《海外账户纳税法案》（FATCA），经合组织也已制定了旨在防止利用隐瞒离岸金融账户逃税的税务自动交换金融账户信息的标准（AEOI 标准），截至 2015 年底已经有 97 个国家和地区承诺执行多边自动情报交换。在此背景下，传统避税天堂对全球富人的吸引力下降，其很有可能向税率较低，但财富增值空间更大的美国转移。

（四）其他国家或将被迫跟进减税

实际上，2000 年时 OECD 各成员国企业所得税综合税率的平均值曾达到 32.49%，德国、日本企业所得税综合税率分别高达 52.03% 和 40.87%，美国在 35 个成员国中税率排名第七位，其余国家除智利、匈牙利及北欧部分国家低于 30% 外，其余基本处于 30% ~ 40% 的范围内，因而从当时的水平相对来看，美国企业所得税税率并不高。然而过去十年来，全球范围内普遍经历了企业所得税减税浪潮，2016 年德国和日本的企业所得税已分别降至 30.18% 和 29.97%，而美国税率基本未变，从而造成美国当前的企业所得税税率相对高企。如果按照特朗普的减税方案，美国企业所得税综合税率有望降至 20% 左右，将显著低于德、日等主要贸易竞争对手。当前欧元区、日本等主要发达经济体在财政和债务负担沉重的环境下，虽然主观上并不愿意跟进特朗普的减税政策，然而一旦面临国际资本大量回流美国，各国政府势必被动留住外国资本。因此，特朗普减税政策落实以后，将可能引领新一轮全球减税浪潮。

（五）特朗普政府将加大其他贸易保护主义举措

由于未能将边境调节税条款纳入税改方案，为实现"买美国货，雇美国人"的目标，特朗普政府今后将更多通过其他措施保护美国国内产业。其中，针对个别行业，加强对外国输美商品的调查力度，对违反规则的国家征收更高的关税将成为特朗普政府的主要贸易保护措施。近期特朗普已启动对美国进口钢铁、铝的广泛调查。而且在钢铁和铝的两项调查中，特朗普政府都启用了一条之前很少使用的第 232 条款。该条款赋权美国商务部调查进口对国家安全的影响，而美国总统有权在调查结束时限制相关进口。这意味着特朗普可借威胁国家安全之名，对相关行业输美产品实施广泛的进口限制。美国商务部长罗斯最近表示，特朗普政府已将钢铁、铝业、汽车、飞机、造船和半导体行业列为其贸易政策议程的六大"关键行业"。因此，随着特朗普贸易保护措施进一步强化，或将迫使相关行业企业加大在美投资，避免贸易摩擦的负面影响。如近期富士康宣布计划大幅增加在美投资。

四、减税方案前景充满不确定性

（一）特朗普减税方案难以达到税收中性原则

在公布的税改纲领中完全没有提到此前特朗普和众议院共和党人倡导的边境税。在此前特朗普和众议院共和党人的表态中，边境税是税改的核心之一，边境税在未来十年可以给美国政府带来 1 万亿美元以上的财政收入，能够对冲大规模基建和税改带来的财政压力。但此前众议院共和党提出的边境税方案受到一部分共和党人和民主党、商界领袖的反对而搁浅，此次边境税未出现在税改纲领中，特朗普政府可能放弃边境税。在这种情况下美国同时要实施减税和大规模基建计划，会面临着巨大的财政压力。

但在新闻发布会上无论是 Mnuchin 还是 Kohn 均拒绝回答税改计划中的核心问题：如何解决税改带来的巨大的财政压力，防止政府债务激增。对于这个问题 Mnuchin 含糊地表示会通过经济增长、扣除减少和关闭税收漏洞（through growth, reductionof different deductions and closing loopholes）解决税改计划给财政带来的压力。另外此前特朗普政府还表示通过给予美国公司海外收益回流税收优惠，可以给美国基建和投资带来接近 1 万亿美元的资金。在放弃或暂停边境税计划后，做大税基、减少税收抵扣等实现中性减税；希望海外资金回流拉动投资和基金成为特朗普政府税改和基建计划实施的关键。总体而言，税改方案实施将有力地促进美国经济增长。拉弗曲线说明了税率与财政收入的关系：减税虽然降低了税率，但同时刺激经济增长，扩大了税基，所以并不一定带来财政收入的减少。

但就目前来看，美国税率尚未明显越过拉弗曲线的拐点，该法案如果全部得以实施，将大幅减少美国政府的财政收入。以企业税率降到 15% 进行测算，在 2018 年将减少财政收入 1711.8 亿美元（2016 年美国联邦政府企业所得税收入 2995.7 亿美元，以此为基数）。从中长期来看，如果特朗普税改计划全部实施，在未来 10 年，预计美国政府将减少 4.4 万亿～5.9 万亿美元的财政收入（美国税收基金会测算）。生产率水平较低限制美国经济增速难以高速增长，税基扩大幅度难以抵消税率下调。根据非盈利公共预算研究组织（CRFB）估算，未来 10 年，需要美国的经济增速维持在 4.5% 以上，才能抵消特朗普税改草案的成本。但当前美国的生产率相对较低，2016 年美国经济增速仅为 1.6%，2017 年第一季度的经济增速环比折年率也仅 0.7%，显然难以支撑如此大规模的减税。根据美国国会预算办公室（CBO）估算，按这样的减税计划，到 2027 年美国联邦政府债务占 GDP 比重将从现在的 77% 的历史高位进一步升至 111%。可预计政府财政将面临收不抵支的状况，政府赤字将进一步增加，抑制了政府支出与投资的空间，从而限制了经济增长的幅度。虽然税改方案实施将增加就业，促进经济增长，但在政府赤字增加的背景下，其对美国经济增长的促进作用或将受限，特朗普提出的 3%～4% 的 GDP 增速或将很难实现。

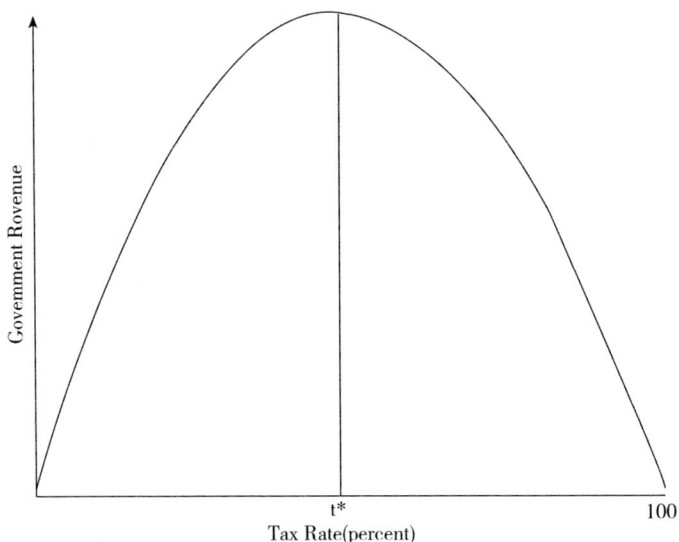

图 10　拉弗曲线

资料来源：维基百科。

（二）当前的减税法案难以在国会通过

根据税改草案对遗产税、房产税、企业税等相关规定，美国的企业家和对冲基金经理的富裕阶层将明显更加受益。根据美国税收政策中心的研究，如果特朗普提出的这一整套计划真能付诸行动，处于美国社会最顶层0.1%的人，享受税后收入减免的额度将超过14%，远远超过其他收入群体。民主党明显反对该草案。美国参议院民主党领袖Schumer批评特朗普的税改计划，认为它意味着像特朗普那样的富人获得减税，将造成政府预算"爆发式增长"。此外，税改法案在国会通过还面临以下两大问题：

首先，共和党内部是否能就减税的力度达成共识存在疑问。在该草案刚刚公布后，对美国税法改革和国债最敏感的"预算鹰派"就特朗普白宫的这份草案给予了回应。"解决国债危机"（Fix The Debt）游说组织的CEO MayaMacGuineas，在《时代周刊》网站发表评论表示，基本认同特朗普总统的税改政策路径，但是认为减税幅度过大，会过度减少政府收入。美国副总统彭斯在NBC的《与媒体见面》的节目中称，减税可以带来美国所需的经济增长来偿还现有债务，但同时承认特朗普的税改计划可能会增加赤字。共和党内部的保守派对大幅增加财政赤字，一直持反对态度。早前共和党人提出的企业税减税目标是20%，并且希望通过征收边境税加以补偿，如今特朗普提出15%的税率，并无意征收边境税，在此情况下共和党人是否愿意接受总统的计划，仍将有待观察。

其次，减税法案如果通过是否具有永久性。在减税法案的投票过程中，共和党人很有可能通过Reconciliation Act绕过民主党人，以求在最短时间内通过法案。但是Reconciliation Act中规定，所通过的法案不能在10年以外增加财政赤字，否则该法案的有效期只有10年。也就是说，如果减税法案造成了过多的赤字，它将变成一部"临时性"的而不是"永久性"的法案。如果是非永久性减税，税改的作用必将大打折扣。

总体来看，共和党内部还需就税改细则与特朗普团队进行沟通，只有在共和党党内形成一致敲定税改细则后，税改方案才可能在国会顺利通过。预计2017年底之前，特朗普税改方案通过难度较大，国会阻力不可忽视。而且，美国国会将于2018年举行中期选举，届时如果共和党失去对两会的控制权，将大大阻碍特朗普接下来政策的制定和实施。

（本文写于2017年8月）

英国脱欧为世界经济增添新的变数

6月23日至24日举行的英国脱欧公投，最终以脱欧派获胜告终，成为2016年迄今为止最大的"黑天鹅事件"，随即在全球引发连锁反应，不仅导致国际金融市场连续剧烈动荡，而且迫使英国首相卡梅伦宣布三个月后辞职，国内政坛陷入乱局，英国与欧盟及其他成员国间的关系更骤然紧张，加大了国际社会对欧洲一体化进程乃至世界经济前景的忧虑。

一、公投脱欧并不意味着英国退出欧盟将成为现实

虽然英国脱欧公投结果已经出炉，而且卡梅伦已排除了进行二次公投的可能，但从公投退欧到实际退出欧盟，整个过程仍充满变数。当前的结果只是英国单方投票决定离开欧盟，作为规定和调整欧盟与成员国间关系的基本法律文件——《里斯本条约》对欧盟成员国的退出机制作了专门规定，因此在没有走完退出程序之前，英国仍是欧盟成员国，依然要受到欧盟法律的约束。

按照退出程序，英国退欧首先需由英国首相向欧洲理事会主席递交退欧文件，表达英国希望基于《里斯本条约》第50项条款商谈退出欧盟，之后双方将就英国与欧盟之间的未来关系进行谈判。根据《里斯本条约》第50条的规定，如果英国与欧盟最终未能达成协议，两年后英国将自动脱欧，但如果英国与欧盟其他27国一致同意延长谈判，那么谈判会延续到结束为止，谈判结束后英国才会退出欧盟。因此，退欧公投后英国何时正式脱欧有赖于两个时间节点，一是英国何时触发《里斯本条约》第50条，与欧盟启动退欧谈判；二是两年谈判期内双方能否达成退欧协议或者延长谈判时间上的一致。由于退欧谈判涉及到英国和欧盟就现有条款细节的重新协商，还涉及各利益相关方的博弈，即便是

全部进程都很顺利，英国正式退出欧盟最早也在 2018 年，但也有可能进入遥遥无期的谈判。

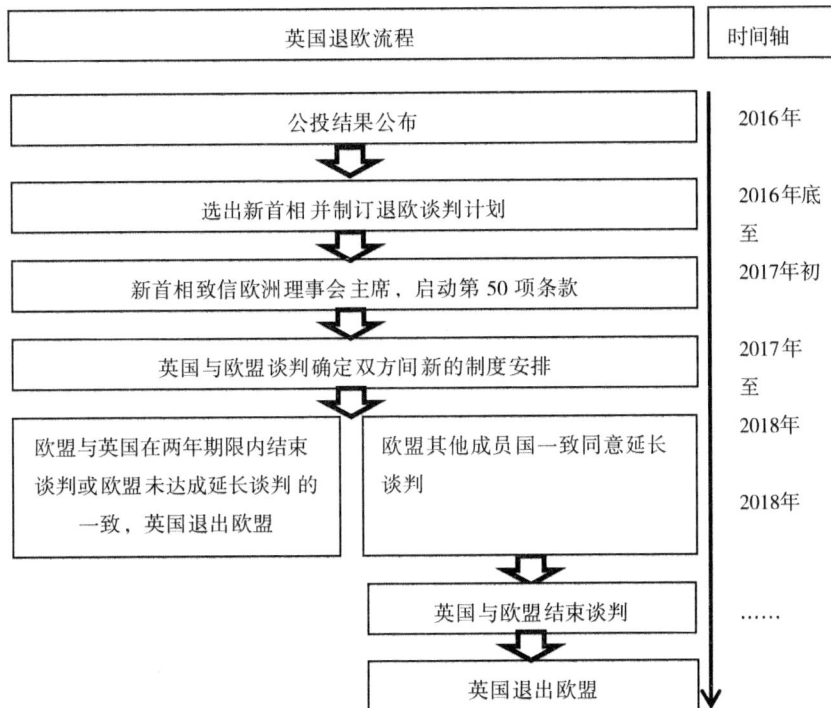

图1 英国退欧流程图

资料来源：作者根据相关资料绘制。

当前，英国与欧盟围绕何时触发退欧机制的博弈已令英国退欧问题出现僵持化的迹象。一方面，由于英国在提交退欧文件时间上掌握主动权，而且需要时间选出新首相并制订脱欧谈判计划以争取自身利益最大化，卡梅伦已表示在新首相上任前将不会触发《里斯本条约》第 50 条，而最有可能接替他成为英国首相的前伦敦市长约翰逊也表示不会急于启动脱欧谈判。另一方面，为防止英国公投影响持续发酵并引发其他国家效仿脱欧，欧盟态度趋于强硬，在近期举行的欧盟峰会上欧盟及主要成员国领导人均表达了英国应尽快启动退欧谈判的态度，同时表示在英国递交退欧文件前欧盟与英国不会举行非正式会议，进一步对卡梅伦施压。由于一旦启动退欧谈判主动权将由英国转向欧盟，而欧盟除了给予卡梅伦一定政治压力使其兑现诺言外，并没有合法的途径强迫英国开启退欧进程。因此，英国很可能将在新首相上任且各项谈判工作准备就绪后才会考虑正式提交退欧申请，最快也将会拖至今年年底。

二、英国脱欧为世界经济增添新的变数

尽管英国公投脱欧短期内已经对国际金融市场造成了巨大冲击，长期看还可能成为欧洲政治经济格局转变的一次标志性事件，但从当前形势看，一方面，公投结果对国际金融市场的负面影响已经基本得到消化，各种金融资产在重新定价后近几天已经出现企稳迹象，除非英国退欧进程再度出现重大波折，否则金融市场难以持续大幅度动荡；另一方面，由于英国真正退出欧盟前仍将是欧盟统一大市场的一员，其退欧对实体经济乃至欧洲政治格局影响的大小仍有赖于英国与欧盟双方谈判的情况，现在作出结论为时尚早。因此，当前及今后一段时间内英国公投脱欧对世界经济的显性影响更多在于给本已脆弱的复苏进程增添了更多不确定性和潜在风险。

（一）增添欧盟内部疑欧退欧情绪

近年来，欧洲遭遇主权债务危机、恐怖袭击和难民危机等多重挑战，欧盟在处理这些经济、社会和安全问题中的能力与决策机制不足日益暴露，导致成员国内部民众疑欧情绪升温，民粹主义势力崛起。在英国公投之前进行的 IPSOS - MORI 民调结果显示，有 8 个欧盟成员国近一半受调查者认为，其政府应组织公投以决定是否继续留在欧盟，其中包括意大利、法国、瑞典、匈牙利、比利时、西班牙、波兰以及德国。英国脱欧派赢得公投的结果无疑使欧洲国家反欧盟政党势力得到鼓舞和助长，已经有荷兰、丹麦、瑞典和法国的右翼和反移民政党要求进行脱欧公投。明年法国、德国等欧洲多个国家将举行大选，如果未来欧盟不能在与英国的退欧谈判中占据主动，而且在解决移民问题、推动经济复苏上有所建树，那么在大选的过程中这些极右翼政党势力很可能进一步壮大，欧洲经济及一体化进程或将受到更大冲击。

（二）打乱美联储渐进加息进程

自去年底美国启动首次加息后，年初国际金融市场出现大幅动荡，美联储年内何时再度加息也成为影响今年世界经济的最大不确定性因素，在英国公投

之前，美联储已经通过多种途径释放年中加息的信号进行前瞻指引，市场普遍预计美联储最早可能在 7 月份启动再度加息，年底前至少加息 1～2 次，而且部分国家已经进行了相应的政策预调整，加息对金融市场的冲击一定程度上得到提前释放。而英国公投决定退出欧盟的结果令市场始料未及，导致避险资产价格高涨，全球股市大跌，市场对美联储加息的预期也出现反转，甚至预期降息的概率明显增加。联邦基金期货价格预示，当前预期 7 月 27 日美联储会议维持利率不变的概率高达 98.8%，降息的概率有 1.2%，加息的概率为零，直至明年 2 月美联储不加息的概率都维持在 80% 以上。因此，美联储加息进程被打乱使得市场再度陷入对美联储货币政策调整时点的猜测之中，由此带来的不确定性和预期反复将使市场出现更多波动。

（三）加剧下半年世界经济增长减速忧虑

2016 年以来，IMF、世界银行、联合国、OECD 等主要国际组织已纷纷下调对世界经济增长的预期。在未充分计入英国脱欧风险的情况下，世界银行最新预测 2016 年全球经济仅增长 2.4%，持平于去年创下的国际金融危机以来的最低增长水平。由于英国与欧盟完成退欧谈判前双方的经贸关系将维持现状，短期内脱欧公投对二者实体经济的影响较为有限，英国经济也不会即刻陷入衰退，但英国与欧盟关系不确定性上升无疑将对该地区消费者和企业信心造成负面影响，打击本就脆弱的经济复苏基础。今年以来，欧洲低增长、低通胀与高失业问题已经有了一定改善，一季度 GDP 环比增长 0.5%，超出市场预期，失业率尽管仍在 10% 以上，但总体延续了下降的趋势，核心通胀也有所回升。在此背景下，英国脱欧公投将使欧洲经济再度面临下行风险，英国央行 5 月已经将 2016 年英国经济增长预期由 2.2% 降至 2.0%，欧洲央行行长德拉吉表示，"脱欧"后英国经济增速显著放缓将对世界产生负面外溢效应，英国"脱欧"或将使未来三年欧元区经济增速下降 0.3～0.5 个百分点。因此，下半年世界经济增长可能再度低于预期，今年世界经济增速可能创出国际金融危机以来的新低。

三、对策建议

作为世界经济中重要的一极，以及我国第一大贸易伙伴和重要的投资目的地，欧盟未来的发展无疑对我国影响重大。短期来看，英国脱欧对我国现有贸易的冲击相对有限，人民币汇率受全球投资者风险规避情绪上升影响将面临一定的贬值压力，但近期已得到有效释放，而且美联储延迟加息也将收窄人民币后续的贬值空间。长期来看，英国退欧关系到英国与欧盟以及双方各自对外关系的全方位再调整和再平衡，其中涉及诸多不确定性，我国宜密切关注，积极应对。

（一）密切跟踪脱欧后续事态发展

由于从公投结果公布到英国正式退欧还要经历英国国内及英国与欧盟多方的利益博弈，过程中充满变数，因此要密切跟踪脱欧公投后事态的最新进展，重点关注：一是英国国内政局动向。公投结果公布后，不仅英国执政的保守党面临选出新首相以带领英国与欧盟展开退欧谈判的难题，最大反对党工党也出现危机，影子内阁阁员大规模辞职。此外，主张留欧的苏格兰、北爱尔兰还出现了独立的声音，从而增加了英国国家统一的不确定性。二是英国与欧盟经贸安排走向。当前关于未来英国与欧盟经贸关系存在效仿挪威模式、瑞士模式、加拿大模式等多种可能，其最终结果仍有赖于双方利益博弈的结果，这将对我国与英国和欧盟间的贸易、投资协定谈判定位产生不同影响。三是英国脱欧后续进程对全球经济的溢出效应和各国反应。尽管公投对国际金融市场的冲击已逐步释放，但不排除因英国或欧洲其他国家政局变动而再次引发金融动荡的可能，而且退欧对实体经济的影响是一个逐步显现的过程，期间各国也会相应进行政策调整，进而产生新的不确定性。为此需要根据形势变化及时做出修正和评估，制订应急预案。

（二）适度调整对欧合作策略和战略布局

作为欧盟大国，英国对华态度积极，中英合作长期以来被我国视作推动中欧合作的重要抓手，脱欧无疑将削弱英国对欧洲大陆的影响力，这一方面使我国对欧合作面临更多考验，但同时也为我国加强中欧、中英合作提供了机遇。根据当前形势判断，由于英国与欧盟业已形成的紧密经贸联系难以割断，退欧后依然可能在很大程度上双方仍保留经贸合作的现状，但英国作为到欧盟投资的跳板作用可能减弱。同时，受英国脱欧影响，英国和欧盟对我国经济上的倚重将有所增强。因此，一是要推动"一带一路"建设与欧洲投资计划深度对接，将加强对德、法关系及中东欧地区国家的经贸关系为对欧合作的重点，构建我国进入欧洲市场的新通道。二是要推动欧盟加快与我国投资协定、自贸协定谈判进程，推动其尽早承认我国市场经济地位。三是要加强中英产业合作，尤其是高端制造业和现代服务业领域，推动中英基础设施和离岸人民币中心建设合作。

（三）加强国际货币政策协调与合作

英国脱欧导致全球经济环境更趋复杂，各国宏观经济决策也面临更多不确定性，进行国际政策协调的难度和必要性也随之上升。近期国际金融市场动荡逐步趋于缓和，一定程度上也得益于各国央行的及时干预和应对。未来由于英国和欧洲经济面临放缓压力，两地央行放松货币政策的可能性上升，导致货币贬值压力加大。美联储也将进入政策观望期，何时启动加息进程存在较大不确定性。日本央行面对日元被动升值可能干预汇率，并引发新的货币竞争性贬值风险。为此，一是通过全球央行和财长会议等多边和双边对话机制，加强与发达国家央行的货币政策沟通和协调，推进宏观经济政策协调发展，降低政策外溢效应对我国的冲击。二是强化与其他国家在应对发达国家货币政策调整方面的合作，通过扩大相互之间货币的双边及多边结算，规避汇率的波动风险，维护地区金融和经济稳定。

（本文写于 2016 年 7 月）

日本的外汇流动性风险研究

2014 年以来，日本外汇流动性相对平稳，资本流动风险有所降低，表现为日元汇率在经历去年的持续贬值后逐步趋于稳定，且汇率波动性降低；日本国内流动性在央行极度宽松的货币政策支持下依然十分充裕，短期利率继续维持在接近于零的水平，国债收益率曲线也未随通胀水平的上升而上移，反而有所下降，尤其是中长期国债收益率水平依然处于历史低位。但同时，日本经济结构性问题对其增长的长期性制约使市场风险情绪随时可能出现反转，上半年日本股市在外资流出的作用下已较去年底高点显著回落。而且"3·11"大地震和"安倍经济学"对日本国际收支格局和财政金融风险的影响也在进一步显现，由此导致长期以来支撑日本国际资本流动性安全的因素正在发生深刻转变：贸易账户的连续赤字意味着日本需要持续的资本流入融资，从而加大对外部资本的依赖性；公共债务规模的不断攀升降低了政府发债融资的可持续性，令财政赤字货币化程度上升；通胀预期抬升导致国债收益率上行压力加大，并推动日本国债持有者结构出现趋势性改变。此外，尽管日本拥有庞大的外汇储备，但外债规模的快速扩大和以短债为主的债务结构加大了经济遭受资本外流冲击的脆弱性。

一、日元汇率趋稳，投机者做空日元汇率意愿减弱

自 2012 年三季度开始，日元汇率在日本央行超宽松货币政策刺激下进入持续贬值通道，如图 1 所示，美元兑日元汇率（上升代表日元贬值）由最低时的 78:1 升至去年底的 105:1 左右，日元贬值幅度达 34.6%，同期代表日元对一篮子货币汇率的日元名义有效汇率指数也由 111.48 降至 82.23。进入 2014 年

后，日本此轮贬值过程基本告一段落，目前日元汇率已回升至102：1附近，较去年底时的低点小幅升值3%。而且日元汇率波动性也明显降低，今年前6个月，美元兑日元汇率日度数据的标准差由去年的3.9降至1，显示日元汇率更趋平稳。

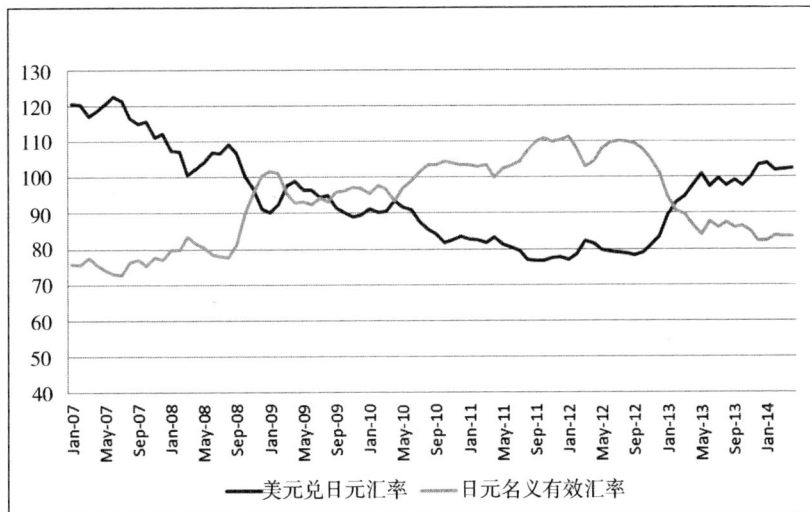

图1　美元兑日元汇率及日元名义有效汇率变化

资料来源：日本央行、财务省、CFTC。

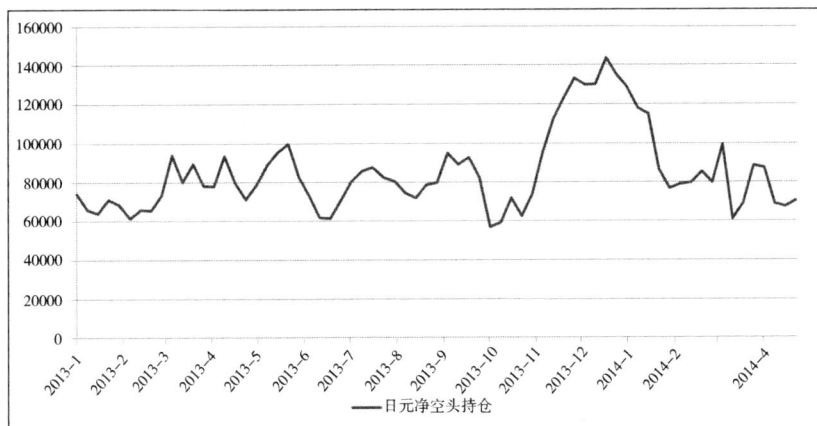

图2　日本净空头持仓

资料来源：日本央行、财务省、CFTC。

日元汇率稳中有升，主要得益于三方面的因素：一是日本央行维持量化宽松规模不变的货币政策取向削弱了日元继续贬值的预期，降低了国际投资资本做空日元的意愿。始于 2012 年的日元贬值周期，其背后最大的刺激因素即是日本央行将采取超宽松货币政策所造成的日元贬值预期。在这一背景下，国际资本大肆做空日元，美国商品期货交易委员会（CFTC）持仓报告显示（见图 2），去年底投机者持有的日元净空头升至六年新高，达到 143822 手。随着去年日本央行兑现扩大量化宽松的政策承诺，货币宽松预期对日元贬值的刺激作用逐步减退。今年以来，尽管也存在经济放缓和消费税上调等促使日本央行进一步放松货币政策的因素，但该行在已举行的数次货币政策会议上均坚持维持量化宽松规模不变，并屡次透露出对日本经济和通胀前景的乐观态度，从而抑制了日元贬值预期的反弹，投机者对日元继续看空的意愿明显减弱。截至 7 月 22 日，日元净空头仓位不及去年高点时的一半，仅为 53916 手。二是乌克兰局势持续升级推升了市场避险情绪，避险需求上升支撑日元小幅反弹。作为国际金融市场中的传统避险资产，日元在国际地缘政治冲突加剧的情况下一般均有不同程度的升值。今年以来，新兴经济体因经济减速导致国内社会政治矛盾加剧，多国发生持续暴力冲突，尤其乌克兰因政治动荡陷入国家分裂并爆发内战的可能推动国际地缘政治风险显著上升，刺激了市场对日元、黄金等避险资产的需求，进而带动这些资产价格的上升。三是发达国家经济前景向好，套利空间减小。自去年起，发达国家经济复苏动力明显改善，并在今年新兴国家经济普遍低迷的情况下进一步凸显。同时，主要发达经济体均继续保持了接近于零的低利率货币政策，资金在发达国家间大规模套利的空间减小。据摩根大通数据，G7 国家货币波动率在良好基本面前景和普遍的低利率政策的促使下已降至 2007 年 7 月以来的新低。

二、国债收益率曲线有所下移，民间资本减持意愿增强

今年以来，日本国债收益率曲线并未因通胀上升而走高，反而有所下降，如图 3 所示，截至 5 月初，日本 1 年至 40 年期国债收益率均较年初及去年 1 月时的水平有不同程度降低，尤其收益率曲线长端降幅更为明显，从而令曲线更趋平缓，这显示去年4月以来，日本央行采取的"质化和量化"的宽松货币政策有效地降低了日本国债收益率水平。

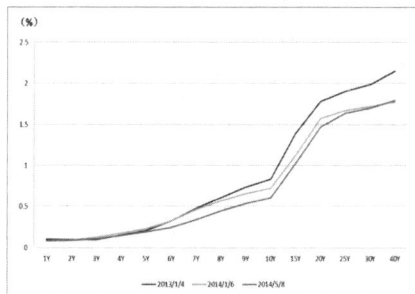

图3　日本国债收益率曲线变化情况

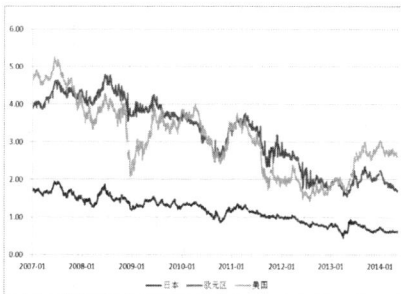

图4　日本国债收益率变化情况

资料来源：日本央行、财务省、Wind 资讯。

但同时，日本国债持有者的结构已经开始出现根本性改变。长期以来，日本政府发行的国债主要由国内市场中的民间资本消化，仅日本国内银行就持有四成日本国债，海外投资者持有的日本国债仅有6%左右。随着日本通胀水平受安倍政策刺激出现上升，在国债收益率继续保持较低水平的情况下，持有国债的收益由正转负，从而导致国内投资者持有国债意愿降低，进而令国债持有者结构出现改变。据日本央行数据，除央行外，日本国内投资者持有的日本国债已经降至73%（见表1）。同时，在大规模购债计划的推动下，日本央行持有的日本国债比例明显上升，2013年三、四季度，日本央行持有的国债数额同比增速达60%，持有的国债比例也上升至18.6%。由于日本央行当前仍在以每月6－8万亿日元的购债规模实施量化宽松，该比例也将进一步提高。日本央行数据，截至7月底，日本央行持有的国债规模已经达到220万亿日元，占央行总资产的83%，这将导致日本债务风险向央行转移，不仅恶化央行资产负债表，令日本非常规货币政策的退出更加困难，而且将形成政府对财政赤字货币化的依赖，削弱政府巩固财政的意愿。

表1 日本国债持有者持有的国债规模变化情况（%）

			2012				2013			Amounts outstanding in December-end 2013 in trillion yen (percentage ratio in parentheses)
			Q1	Q2	Q3	Q4	Q1	Q2	Q3	Q4	
	Amounts outstanding (End of period, trillion yen)		920	941	950	959	970	970	980	985	
C h a n g e s （ % ）	Total		5.0	4.3	3.1	4.2	5.4	3.0	3.2	2.8	985 (100.0)
	Financial intermediaries'		5.9	4.8	3.4	1.4	1.3	-3.7	-3.0	-3.8	597 (60.6)
		Financial institutions for small businesses	0.1	-2.2	-2.6	-4.6	-3.8	-4.4	-2.3	-3.8	162 (16.5)
		Insurance	9.5	8.9	7.8	6.8	8.9	5.3	4.9	4.5	193 (19.6)
		Domestically licensed banks	10.3	11.0	6.0	0.0	-1.1	-14.1	-13.1	-13.0	135 (13.7)
		Pension funds	5.2	5.1	4.4	3.5	12.4	9.0	12.0	12.3	33 (3.4)
	General government, Public financial institutions		-14.4	-14.0	-14.1	6.4	4.7	2.6	-6.2	-15.0	85 (8.6)
		Of which: public pensions	-4.8	-5.3	-6.1	-5.6	-0.5	1.7	3.9	3.6	69 (7.0)
	Central bank		13.4	17.9	22.0	25.9	43.8	55.5	62.1	58.9	183 (18.6)
	Overseas		23.9	20.6	11.8	5.5	6.9	-0.1	-8.3	-0.8	82 (8.3)
	Households		-11.1	-11.1	-13.5	-14.0	-12.5	-15.3	-13.8	-12.4	21 (2.2)
	Others		10.0	0.3	-0.3	1.7	-19.9	0.2	6.8	6.6	17 (1.7)

资料来源：日本央行。

三、日本股市震荡回落，海外投资者退出市场

今年以来，与美欧股市创出新高不同，日本股市未能延续去年持续上升的势头，如图5所示，日经225指数由年初的近六年高位16200点附近，跌至4月中旬的最低13960点，一度成为今年全球主要经济体中表现第二差的市场，仅次于俄罗斯。同时，日本股市与日元汇率的联动性也有所减弱，表现为日元汇率趋稳和股市大幅下跌并存（见图6），二者相关系数由去年的93.5降至84.2。

日本股指下跌主要源自海外投资者开始撤离股市，与日元联动性下降表明股指走势开始摆脱政策刺激因素的影响，向基本面回归。日本交易规模最大的东京证券交易所数据显示，海外投资人占到市场交易量的七成左右。今年一季度，海外投资者连续3个月净卖出，规模达到1.8万亿日元，而去年日本股市大幅上扬期间，外国投资者净买入额达到创纪录的14.7万亿日元。外资流向发生逆转，一方面在于日本经济前景趋于黯淡，导致股市上行缺乏进一步的支撑。今年以来，由于"安倍经济学"前"两支箭"刺激增长的边际效用减弱，加之消费税上调，日本经济出现复苏放缓的迹象，具有一定先行性的制造业PMI在4~5月份连续跌破50大关，显示制造业连续扩张重新步入萎缩。而且核心机械订单、工业生产指数、消费者信心等多项数据也不及预期。同时，安倍承诺的

"第三支箭"，即结构性改革迟迟不发，进一步挫伤了投资者信心。另一方面，日本股市中欧美投资者占据海外资金来源的绝对比重，分别达到交易额的56%和34%左右，随着欧洲经济好转及美国经济持续复苏，本土市场收益率上升预期也推动海外资金回流，从而加剧了日本股市的跌势。

图5　主要发达国家股指变化

资料来源：日本央行、财务省、Wind 资讯。

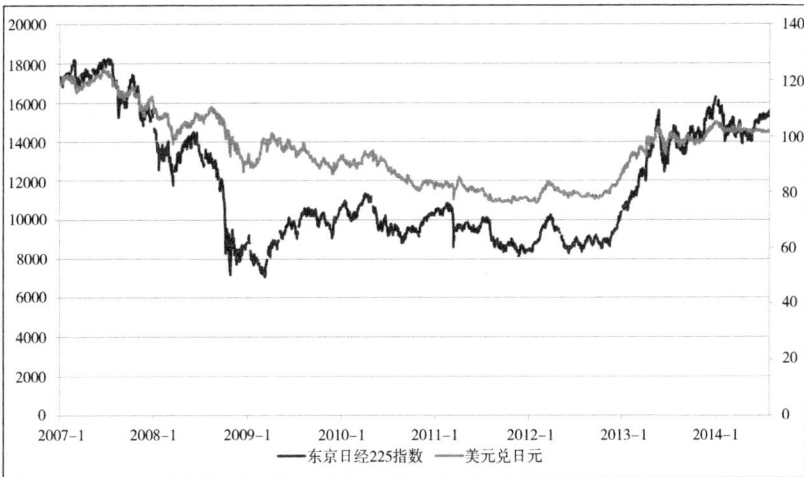

图6　日本股市、汇率变化

资料来源：日本央行、财务省、Wind 资讯。

四、贸易持续逆差，外部融资压力加大

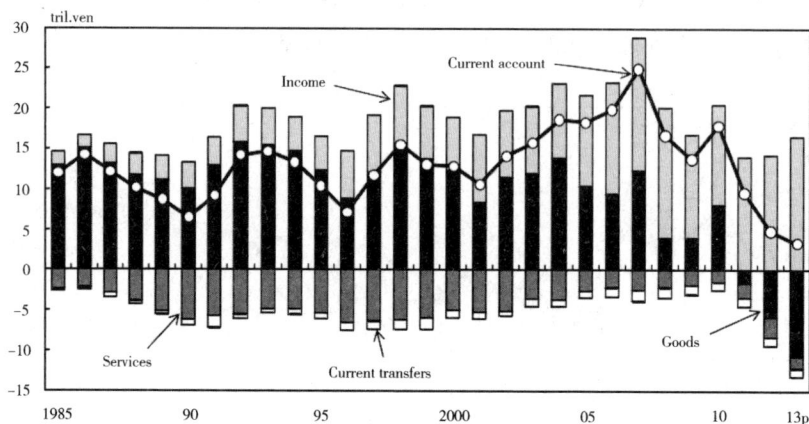

图7　日本经常项目变化

资料来源：日本央行。

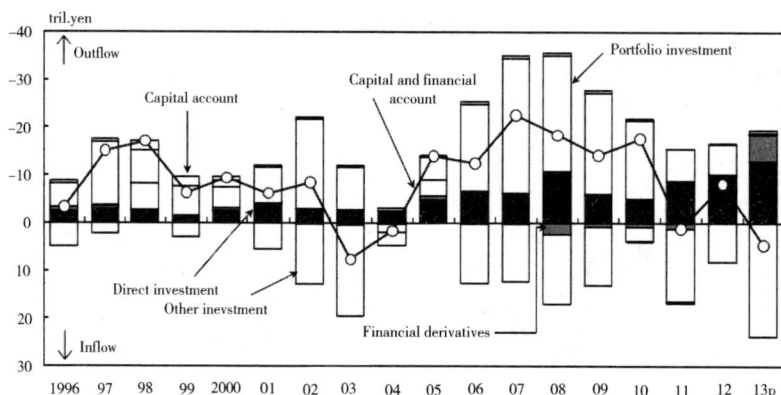

图8　日本资本和金融项目变化

资料来源：日本央行。

　　作为出口大国，日本经常账户长期保持盈余，但2011年大地震后，日本关停核电导致的能源进口激增使贸易项开始出现持续性逆差，而2013年日元的大幅贬值不仅未能令出口显著增加，反而加大了进口成本，导致贸易赤字进一步恶化，当年度日本贸易逆差达到13.7万亿日元，创自1979年以来最高纪录。今

年以来，日本贸易逆差并未出现明显改观，据日本财务省数据，上半年日本贸易收支逆差达到7.6万亿日元，逆差额创下自1979年有可比数据以来最高纪录。受此影响，日本经常账户顺差大幅收窄，2013年降至3.3万亿日元，在去年底至今年初一度出现连续逆差。

未来日本国际收支格局的变化，很大程度上将依赖于安倍近期提出的核电重启进程。今年4月，安倍内阁通过了新的《能源基本计划》，明确表示要推进核电站重启。目前来看，日本核电站重启困难重重，而且初期也仅能部分替代能源进口需求。同时，日本国内产业竞争力下降导致的"产业空心化"趋势仍在持续，出口增长乏力将是日本未来面临的长期性问题，短期内日本贸易整体逆差的局面恐难有大的改观。如重启核电遇阻，日本贸易逆差局面还可能进一步恶化。在持续多年财政赤字的情况下，日本可能将从"单赤字"国家转为"双赤字"国家，这也意味着日本将来可能不得不需要从资本和金融账户中来获得融资，即通过出售国外资产或增加对非居民的负债来支付，这将加大日本对外融资压力，提升外债负担水平，增大日本面对资本外流的脆弱性，并可能会引发市场对日本政策债务可持续的担忧。

五、政府财政赤字扩大，政府债务可持续性下降

今年一季度，日本财政并未出现明显改善，3月份受财年因素影响，出现5.1万亿日元的财政赤字（见图9）。4月份后，受消费税上调影响，日本财政状况将因收入增加而有所改善，据估算，消费税上调后，2014财年日本财政收入将增加6.2万亿日元，除去首年度纳税企业缴税时间等影响，财政收入或将增加4.5亿日元（约人民币2600亿元）。全年包含消费税在内的一般会计税收总额将达到50万亿日元，比2013财年（45.4万亿日元）约增加4.6万亿日元，是2007财年以来的最高水平。但同时，由于人口老龄化导致社保支出增加、国债利息支出及为抵消消费税上调影响追加额外经济刺激计划，即便消费税上调，也难以根本性改变日本政府财政入不敷出的现状。据2014财年预算案，今年日本基础财政赤字约为18万亿日元。由于到期国债大幅增长，加上新发国债，日本2014财年国债发行总额预计达180万亿日元，成为日本最大国债发行规模，这也决定了日本政府债务规模将继续攀升。

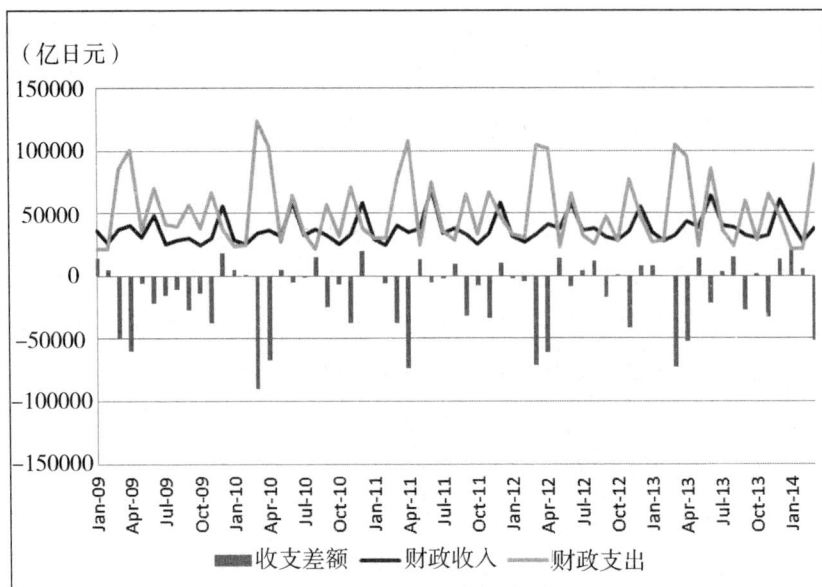

图9 日本财政收支变化情况

资料来源：日本央行。

　　巨额的财政赤字和庞大的债务负担将增大日本主权债务风险，进而影响日本的资本流动格局。据日本财务省公布的数据，截至2013年底，日本政府债务规模达到1018亿日元（约合9.95万亿美元），相当于日本国民人均负债800万日元（约合7.82万美元）。据IMF预测，日本2014年的政府债务相当于全年GDP总额的242%，远高于其他发达国家水平。目前来看，三方面因素将增大日本未来面临的主权债务风险：一是随着日本老年人口比例提高，日本政府在养老、医疗等方面的社会保障负担日益沉重。而且国债利息支付也将随发债规模扩大和利率上升而提高，当前日本财政近1/4收入用于还债，因此政府刚性支出将持续增长。二是依赖经常账户盈余和国内高储蓄率为财政赤字融资的模式已难以为继。除经常账户可能出现持续性逆差外，日本的高储蓄率正逐年下降，已经由13.9%递减至2%左右。OECD数据显示，2013年日本家庭的储蓄率占可支配收入的比例只有0.9%，2014年还将进一步降至0.7%，是发达国家中储蓄率最低的国家之一。而且，据日本央行调查显示，日本无储蓄家庭比例已超过30%，创1963年有此调查以来最高水平。随着日本人口减少和老龄化程度加深，加上长期经济复兴乏力，家庭净金融资产增长率开始跟不上国债余额增长速度。三是通胀上升将提高财政发债融资成本。如果国债收益率继续维持在接近于零的水平，在收益"负回报"，资产不断缩水的情况下，本国投资者只会选择离开国债市场，当前作为日本国债的最大持有者之一、资产约63%由日本国债构成的日本养老保险基金（GPIF）正在出售所持有的日本国债，以满足日益增加的养老金需求。

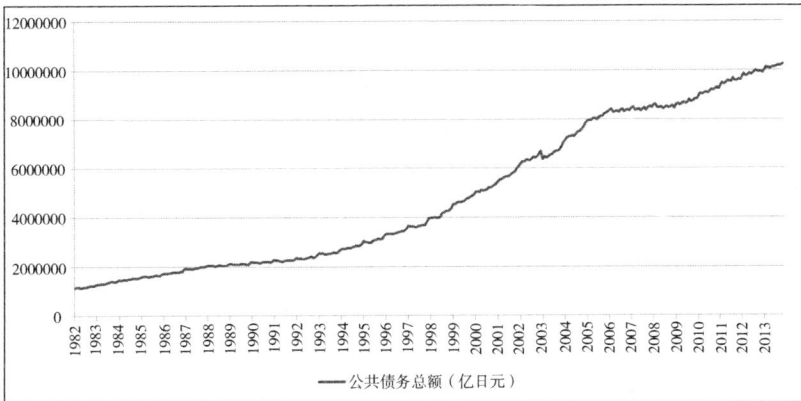

图10 日本公共债务变化

资料来源：日本财务省、Wind 资讯。

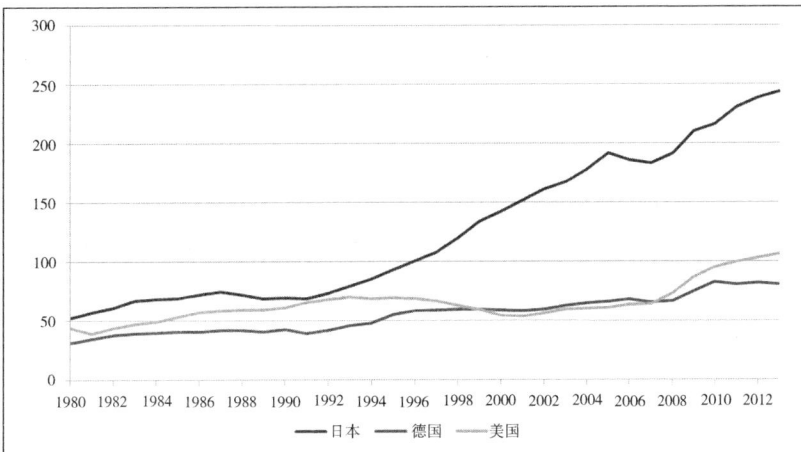

图11 发达国家债务占 GDP 比例变化

资料来源：日本财务省、Wind 资讯。

六、短期外债快速膨胀，外汇储备抗风险能力不足

作为全球第二大外汇储备国，长期以来日本外汇储备规模呈上升趋势，但2011年以来，日本外汇储备变化不大，截至今年6月，日本外汇储备为1.28万亿美元，与前月持平。从官方外汇储备的构成看，如表2所示，外汇资产占日本外汇储备的94.8%，达1.2万亿美元，黄金储备317亿美元，SDRs 202.2亿美元，在IMF的头寸136.1亿美元。

表2　日本官方储备结构（亿美元）

	Jan-14	Feb-14	Mar-14	Apr-14	May-14	Jun-14
Official reserve assets	12770.6	12882.1	12793.5	12828	12839.2	12839.2
（1）Foreign currency reserves	12114.7	12211.1	12129.3	12168.0	12192.7	12160.1
（a）Securities	11949.8	12046.6	11975.0	12005.5	12029.9	12017.1
（b）Deposits	164.9	164.5	154.4	162.6	162.8	143.0
（2）IMF reserve position	142.7	137.4	139.8	136.1	132.8	149.0
（3）SDRs	200.5	202.3	201.6	202.2	201.0	201.6
（4）Gold	307.8	326.4	317.8	317	307.7	323.5
（5）other reserve assets	4.8	4.9	4.9	4.9	5.0	5.0

资料来源：日本财务省。

外汇储备作为政府掌管的外汇资金，其基本功能一是保障进口支付能力；二是确保对外还债能力。从外汇储备对月均进口额的倍率看，2014年6月末日本外汇储备相当于当前月度进口额的27.7倍，不仅高于美国和欧洲国家，也高于国际公认的3个月左右的水平。如果仅从保障进口看，日本外汇储备规模足以应对进口的外汇需求，但如果考虑到偿债需求，则日本外储的偿债能力不容乐观。

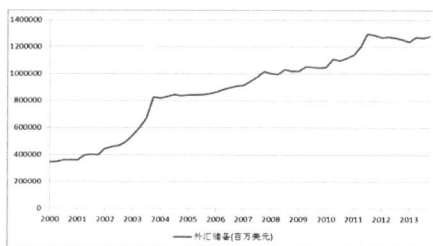

图12　日本外汇储备变化

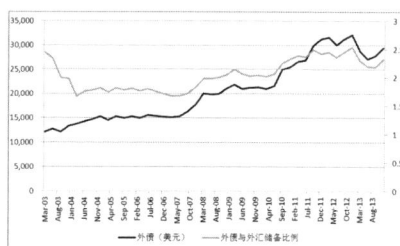

图13　外债及外债与外汇储备比例

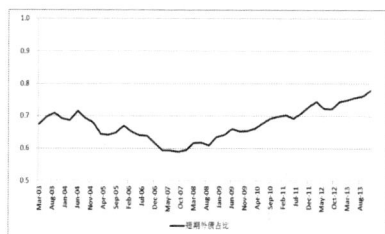

图14　短期外债占外债总额比例

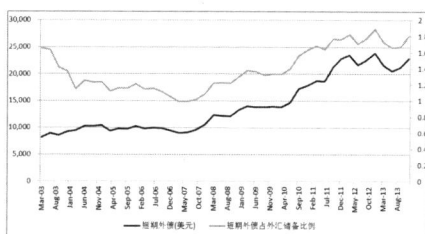

图15　短期外债及其占外汇储备比例

资料来源：日本央行、财务省、Wind 资讯来源。

如图 13 所示，2012 年三季度以来，日本外债总额大幅增加，由 240 万亿日元攀升至去年底的 295.1 万亿日元，增幅高达 23%。从债券发行者结构看，公共部门和银行部门对外借债的增加是造成日本外债规模迅速扩大的主要原因，二者占日本外债总额的比例分别为 32.5% 和 47.6%。从债务结构看，短期外债比例明显上升，同期短期外债规模由 173.8 万亿日元增至 229.8 万亿日元，增幅达 32.2%，占外债总额的比重也由 72.3% 上升至 77.8%，远超 25% 的国际警戒线。其中，银行业短期借债增加是主要原因，占短期外债的比例为 56%，政府部门短期外债规模虽然也在增加，但占比近两年有所下降，2013 年降至 23% 左右。在迅速膨胀的外债规模推动下，日本外债占外汇储备的比例在去年底已达到 230%，短期外债与外汇储备之比也升至 180% 的新高，大大超出国际公认的 100% 的安全线。

日本银行对外借债增加，一方面源自欧美市场低利率政策导致外部融资成本较低，另一方面，日元贬值预期导致拥有广泛海外业务的日本银行业更倾向于扩大外币现金储备。据调查公司 Dealogic 的统计，去年前三个季度，日本金融机构的外币债券发行额达 237 亿美元,高于 2006 年全年历史最高水平的 201 亿美元,其中,银行的外币债券发行额高达 175 亿美元,占 73%,较 2012 年全年（143 亿美元）增加了 20%。不仅如此,各银行还增加了外汇商业票据（CP）的发行和外币储蓄存款。因此,近一段时间以来,日本外汇储备增长有限以及以短期债务为主的外债结构已经显著降低了日本抵御资金外流的能力。

综合以上分析,当前日本面临资本流动风险主要来自三个方面:一是国际收支风险。如果日本转变为"双赤字"国家,意味着该国将更加依赖海外资金来维持其在全球各国中最沉重的债务负担。二是主权债务风险。日本公共债务负担短期内仍将继续恶化,财政赤字货币化程度进一步提升,加之国债收益率潜在上升的风险,日本政府债务的可持续性将继续下降。三是外汇储备相比日益扩大的外债规模有所不足。以上三方面都可能成为触发日本资本外流的诱因。目前来看,日本庞大的海外资产收益、相对稳定的融资成本以及日元相对较高的自由化和国际化水平使上述风险仍能得到有效控制,未来风险的发展很大程度上将有赖于日本政府政策调整和落实情况。因此,日本资本流动风险短期无虞,中长期仍然不容乐观。

（本文写于 2014 年 1 月）

日本通货紧缩的成因分析及启示

日本的通货紧缩问题由来已久。自 20 世纪 70 年代中后期起，伴随日本经济增长由高速向中速转换，通胀水平也显著走低，并在 90 年代之后陷入长期通缩之中。近一段时间以来，在我国经济迈向"新常态"的同时，物价涨幅下行压力也明显加大，今年 1 月居民消费价格指数（CPI）同比涨幅最低降至 0.8%，2 月和 3 月也仅持平于 1.4%，仍处在 2009 年底以来的低位；工业生产者出厂价格指数（PPI）更连续 37 个月为负且跌幅整体扩大，关于我国可能陷入通缩的担忧也随之升温。为此，本文将通过定量分析日本通缩产生的原因，提出我国防范和应对通缩风险的政策建议。

一、日本物价变化的特点

自 20 世纪 50 年代进入经济起飞阶段后，日本经济保持了近 20 年的高增长，并在 70 年代中后期进入经济增速换挡阶段。经济增长放缓的同时，日本通胀水平也出现明显的阶梯式下行，90 年代末更陷入了持续的通缩之中，直至 2013 年才在"安倍经济学"的刺激下勉强走出通缩的泥潭。从图 1 可以看出，日本物价变化具有明显的周期性特征。20 世纪 70 年代中期以来，以波峰为准划分，日本消费者物价指数（CPI）的同比变化率经历了 5 轮周期性波动，剔除食品和能源价格影响的消费者物价指数（以下简称核心 CPI）也表现出大体相同的走势。在历轮周期性的波动中，日本物价变化表现出三方面的特点：

一是周期整体呈拉长的趋势。日本始于 1974 年的第一轮物价周期性波动持续了 79 个月，第二、第三轮则分别延长至 122 个和 83 个月，第四轮周期更长达 129 个月。第五轮物价周期尽管缩短至 71 个月，但 2014 年 5 月 CPI 涨幅出现的高点更多是受安倍经济学及消费税上调等政策性因素的影响，并非日本经济和物价自身周期性运行导致的结果，因此在政策刺激效果消退后，日本央行近期已再次警告可能出现物价下降的风险。

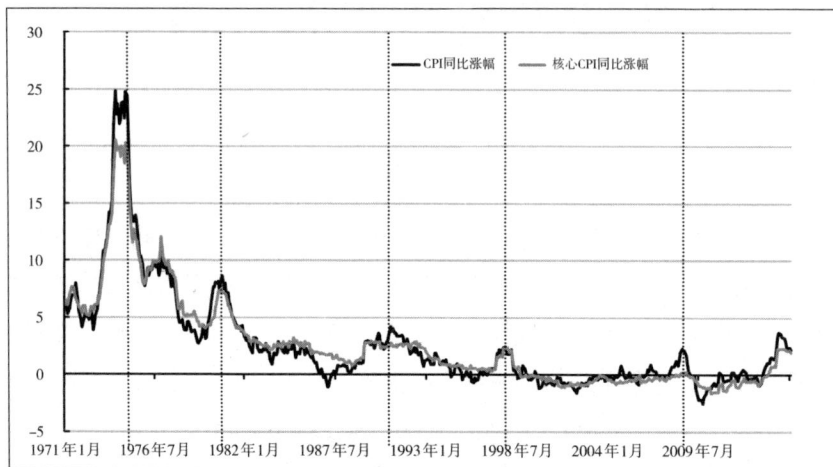

图1 日本 CPI 和核心 CPI 同比涨幅变化情况

资料来源：日本统计局。

二是波幅趋于平缓。日本物价周期性波动的幅度呈缩小趋势，若以标准差衡量每轮物价波动偏离其平均值的程度，在第一轮物价周期中，日本 CPI 和核心 CPI 标准差分别为 8.25 和 8.4，到第五个周期时已降至 1.36 和 1.27，显示当前日本物价波动较之前更为平缓。

三是由通胀变为持续的全面通缩。在 5 轮周期变化中，日本物价的波动经历了通胀的周期性变化、通胀与通缩相交替以及持续通缩三个阶段。第一轮周期中日本 CPI 和核心 CPI 同比涨幅的平均值和中位数分别高达 9.7% 和 8.6%，到第四轮周期时均已转为负值，第五轮周期尽管有所回升，但如果剔除政策性因素在拉升通胀方面的影响，其平均通胀水平将明显降低。而且，不仅在消费品领域，反映生产者价格变化的批发价格指数和涵盖范围更为广泛的 GDP 平减指数也均显示出日本已逐步陷入全面的通缩之中。

二、日本物价变化的成因分析

日本物价变化的三个特点总体与"大缓和"（The Great Moderation）时期①发达国家物价变化的一般规律相一致。其中不同的是，同期其他国家虽然通胀水平显著下降，但却未如日本一样出现持续、全面通缩的局面。因此，本文采用 VAR（向量自回归）模型②，并根据经济学理论，选取了核心 CPI 指数、产出缺口、国民可支配收入、基础货币、进口价格指数分别代表通缩预期、供求关系、劳动力成本、货币供给及输入性因素对日本物价的影响，定量分析日本通缩形成的原因。同时，为着重分析日本通缩期间各因素对物价走势的影响，样本区间选择在 1990 年至 2012 年。主要结论如下：

第一，通缩预期是短期内影响日本核心 CPI 走势的最主要因素，对核心 CPI 的贡献率在前 3 期内平均达到 70% 以上，其冲击在第 2 年达到最大，之后逐渐减弱。通缩预期之所以对日本物价影响显著，与日本社会"顽固的通货紧缩预期"密切相关，而且通缩预期加深与持续的通货紧缩已经形成了一种恶性循环：一方面，在经济低迷和物价下降长期化的情况下，日本企业和居民对于未来物价走势更趋悲观，从而巩固和强化了通货紧缩的预期；另一方面，通缩预期的强化导致企业和居民当期投资及消费动力不足，又反过来对经济增长和物价上升造成进一步的抑制。据日本内阁府调查显示，即便在 21 世纪初日本经济出现微弱增长的阶段，日本国内消费者预期未来一年通胀率低于 2% 的比例仍维持在 60% ~70% 的高位，同期日本核心通胀率也持续在零以下徘徊。直到 2008 年随着该调查比例的显著下降，日本核心通胀短暂回升至零以上，但之后便在国际金融危机的冲击下再次陷入通缩。

第二，产出缺口扩大是造成日本核心 CPI 下降的重要因素，对核心 CPI 的贡献率在前 3 期内平均为 11.6% 左右，其冲击在第 3 年达到最大，贡献率相应也升至 23.4%，之后冲击的影响和贡献率均逐步下降。产出缺口是经济实际产

① 自上世纪 80 年代中期开始，发达国家产出、物价等经济指标的波动性显著下降，整体经济运行趋于平稳，这段时期因此也被学者称为"大缓和"时期。
② VAR 模型一般用来研究各变量之间的动态关系，其有两个重要应用：一是脉冲响应函数，描述模型中的一个变量的冲击给其他变量所带来的影响；二是方差分解，分析每一个结构冲击对内生变量变化的贡献率。

出与潜在产出水平差距的反映。20世纪80年代中后期，日本经济投资和消费的过度膨胀导致经济过热，实际产出超出潜在产出水平最高达5.4个百分点（同期美国最高为1.6%，英国为3.7%），需求缺口扩大导致物价水平的上升并达到该轮物价周期的高点。随着泡沫经济的破灭，过度投资导致的产能过剩和资产缩水引发的需求不足使产出缺口转负并令物价不断下行。在经历了长达十余年的供需再平衡过程后，日本产出缺口不断缩小并在2005年重新恢复至潜在产出水平之上，但正产出缺口仅保持了4年，而且明显低于同期美英等国家水平，这也导致物价回升力度有限。

第三，基础货币对日本物价走势有一定影响，但影响过程较为缓慢，对核心CPI的贡献率在前3期内平均为1.7%，其影响在第5到6年才达到最大值，贡献率也提高至23.9%，之后仍维持在20%以上。为摆脱通缩，日本央行先后实施了零利率和量化宽松政策以增加货币投放，但对经济和物价的刺激效果并不明显，这主要源自日本经济体系中货币派生机制运转不畅。从基础货币和货币供应数据看，尽管通缩期间日本基础货币增长较快，但银行资产负债表修复及企业、居民贷款需求低迷导致银行贷款增长长期低迷。日本央行数据显示，2012年日本银行业贷款较1995年下降超过1/4，占GDP比重也由106%降至84%。银行贷款不足导致货币派生功能减弱，基础货币乘数效应下降，从而未能形成有效货币供给，以M2为例，20世纪80年代日本M2平均增速达到10%左右，而近二十年仅维持在2%上下。

第四，国民可支配收入变化对日本核心CPI走势有持续性影响，对核心CPI的贡献率在前3期内平均为9.9%，之后贡献率逐步上升，到第10期时达到41.7%，成为影响核心CPI的最大贡献因素。日本居民收入对物价走势的影响来自两个方面：一是劳动力作为企业生产的投入要素之一，劳动力成本是构成消费品价格的重要组成部分；二是收入水平高低直接关系到居民的消费能力，从而在需求端对物价走势产生影响。日本国民可支配收入自20世纪90年代以来整体呈下降趋势，一方面，日本经济持续低迷导致失业率上升，21世纪头十年日本就业率均值比21世纪80年代下降了5个百分点，劳动力需求不足使工资缺乏上涨动力。另一方面，在经济前景不明朗，政府放松雇佣规制的情况下，企业更倾向于增加雇佣临时工满足短期劳动力需求，日本兼职雇佣比例已经由20世纪80年代的10%升至21世纪的14%左右。由于临时工收入普遍较低，导致社会整体工资水平难以提升。此外，日本社会的持续通缩也使得实际工资有所上涨，也加大了名义工资上升的难度。与此同时，日本人口老龄化和收入下降导致居民消费支出下降，据日本家庭支出调查显示，1994—2012 年，日本家庭户主平均年龄由 50 岁升至 57.3 岁，同期家庭支出则下降了 14.2%。因此，工资收入停滞不前和家庭支出下降从两方面均对日本物价构成下行压力。

最后，输入性因素尽管对日本通缩造成一定影响，但相对有限，通过方差分解可以看出，其对核心 CPI 变化的贡献率不足 9%，表明这期间日元升值及进口自中国等国的廉价商品对日本通缩的形成并不构成决定性影响。国际能源价格虽然短期对日本国内能源价格等领域形成一定冲击，但对核心 CPI 影响不大。

综上所述，日本通货紧缩局面的形成与日本顽固的通货紧缩预期、低于潜在生产水平的产出缺口、居民收入下降以及运行不畅的货币派生机制密切相关，而这些因素之间又相互影响和关联。日本要走出通缩，就需要找到实现经济持续增长的动力，从而打破"经济衰退—居民收入下降、货币供应放缓、物价下跌—通缩预期加强"之间的恶性循环。

三、对日本未来物价走势及影响的判断

首先，日本短期内将延续低通胀局面。由前文分析可以看出，短期内对日本物价影响较大的是物价预期和产出缺口的变化。目前日本通胀预期在安倍激进货币政策刺激下已明显改善，据日本消费者信心调查显示，消费者对未来一年物价看涨的比例今年 2 月份已提高至 87.3%，超过国际金融危机爆发前 85% 左右的水平，当时日本 CPI 同比涨幅最高达到 2.3%，核心 CPI 也重返零以上。但同时据 OECD 数据，日本产出缺口在 2013 年短暂转正后，去年再次降至 –0.17%，2015 年和 2016 年则预计分别为 –0.18% 和 –0.01%，这将在未来 1～2 年内限制 CPI 上涨的幅度。

其次，安倍政策难以改变日本长期通缩趋势。长期来看，实现收入水平的提高、恢复银行派生货币能力以及保持产出水平维持在潜在水平之上都关系到日本经济增长的动力和经济结构性问题的解决，即需要通过保持经济持续增长以推动收入提高，从而抵消人口老龄化对消费的抑制；通过刺激企业、居民投资消费的意愿重新恢复银行体系的货币派生功能。目前来看，国际方面，当前

全球普遍面临增长动力不足的问题，弱增长将成为未来一段时间世界经济增长的常态，日本难以获得像国际金融危机前全球经济快速增长的国际环境。国内方面，安倍已出台的财政和货币刺激政策并未触及日本经济的结构性问题，随着政策刺激边际效应的减弱，股市财富效应和日元贬值带来出口竞争优势难以继续成为推动经济增长的动力。因此，当前日本经济复苏面临后续乏力的问题，物价也可能在一段时间回升后再次陷入通缩。

最后，日本货币政策宽松将趋于常态化。虽然日本物价水平在安倍刺激政策推动下短期内有所回升，但难以达到并维持在央行2%的通胀预期目标，而且通胀回升导致的国债收益率上升也将迫使日本央行维持购债规模以压低政府和企业借贷成本，日本宽松的货币政策在短期物价回升的情况下也将延续。从长期看，由于日本物价水平可能因经济增长动力不足而再次陷入通缩，在财政空间受到进一步压缩的情况下，日本为刺激经济也只能继续依赖释放流动性，量化宽松将成为货币政策的常态，而且不排除进一步扩大购债规模的可能。

四、对我国物价调控的启示和建议

一是适度加大稳增长政策力度，稳定社会通胀预期。随着近期我国物价涨幅走低，社会通缩预期明显提升。根据央行季度全国城镇储户问卷调查结果显示，今年一季度预测物价下降的比例已经由去年四季度的6.6%上升到10.2%，未来物价预期指数也降至2009年下半年以来新低。为防止通缩预期的自我实现，应积极出台举措引导通缩预期转变，货币政策方面要维持中性偏松的政策取向，并通过舆论向市场传递货币政策会更加注重松紧适度的信号；在通胀持续下行的情况下，可研究设立通胀目标下限，制订相应的反通缩预案。财政政策方面应适度加大对中西部、农村地区基础设施建设的投资力度，稳定市场对经济前景的信心。此外，还可借助通胀走低的契机加快价格改革步伐，尤其是能源和环保领域的价格改革可适当前置。

二是加快转变经济增长方式，推动潜在增长水平提升。当前我国工业企业产能利用率仍处于国际金融危机爆发后的较低水平，钢铁、有色金属、化工、建材等传统行业产能过剩问题尤为突出，产品价格下降、库存积压，企业经营压力加大。同时，"僵尸企业"的存在使市场难以有效发挥调节供需的作用，从而推动价格向正常水平回归。为此，应加大产能过剩行业结构调整力度，通过提高环保、能耗、安全、技术等标准加速落后产能的淘汰，结合"一带一路"等倡议推进过剩产能转移与对外投资对接，推动"僵尸企业"合理有序地退出市场。从长期看，还应通过加大教育、研发投入提高人力资本和全要素生产率对经济增长的贡献，推动经济增长由要素数量驱动向要素质量驱动转变，使我国潜在增长能力能够在较长时间内处于中高水平，避免陷入日本式的长期经济低迷。

三是积极化解银行不良资产，保持货币政策传导机制畅通。受经济大环境的影响，我国部分行业、企业经营状况恶化导致银行信贷违约概率加大、信用风险加剧，据已披露的上市银行年报显示，大部分银行去年出现不同程度的不良贷款余额和不良贷款率"双升"的情况，不仅加大了银行经营风险，也令银行惜贷、限贷倾向增强，不利于货币政策传导机制的顺畅运行，进而影响到央行调控价格方面的实际效果。为此，除加大银行拨备计提、核销不良的力度以增强资产质量防控能力外，还要加快推进资产证券化发展。在将资产证券化由审批制改为备案制后，应重点推进资产证券化二级市场建设，放宽投资者准入门槛，建立多元的投资者结构，从而改变当前二级市场银行互持、交易不活跃的现状。

四是改善收入分配制度，保持居民收入适度增长。尽管近年来我国收入分配格局整体呈改善的势头，但居民收入水平偏低、收入分配差距较大的问题仍未得到根本性扭转，从而制约着消费能力和水平的提高。2013 年我国基尼系数降至 0.47，按照联合国的标准，仍处于收入差距较大的水平；城镇居民人均可支配收入与农民人均纯收入之比仍接近 3∶1。为此，在收入初次分配中，应继续提高城乡居民收入，特别是中低收入者的收入水平；完善工资形成制度和最低工资制度，健全工资随经济发展而提高的正常增长机制；鼓励农村土地承包经营权流转，扩大居民投资渠道，增加城乡居民财产性收入。在收入再次分配中，要加大财政转移支付和税收的收入调节力度，重点推进个人所得税和财产税改革；进一步完善城乡居民养老、医疗等方面的社会保障制度，逐步提高城乡低保、养老金支付标准。

（本文写于 2015 年 4 月）

加息难解新兴经济体货币内外贬值之困

2014 年以来，面对通胀高企，汇率大幅贬值的困境，新兴经济体掀起了新一轮的加息浪潮，先后有巴西、印度、土耳其、南非、阿根廷等国家宣布提高基准利率水平，其中土耳其央行基准回购利率上调幅度达到 550 个基点，阿根廷央行加息幅度也达到 330 个基点，上调后的基准利率高达 28.8%。

一、新兴经济体加息解困效果有限

按照经济学理论，加息可以紧缩流动性并增强国内资产对外部资金的吸引力，从而起到为通胀减压和缓解资本外流，抑制汇率贬值的作用。但当前全球经济正处于增长格局和宏观政策取向出现转变和分化的特殊时期，造成新兴经济体困境的原因既有内部因素又有外部冲击，既有周期性因素又有结构性问题，加息并非对症下药之举。

（一）经济结构性矛盾是新兴经济体通胀高企的主要原因

尽管在一段时间内，新兴经济体前期扩张性财政、货币政策释放的流动性和外部廉价资金的流入一度成为推动物价高涨的首要因素，但随着去年货币政策进入紧缩周期以及跨境资本流向逆转，流动性因素对通胀的影响已经减弱，新兴经济体当前的通胀压力更多归因于国内产业发展失衡造成的结构性问题，如印度食品价格一直在居民消费者价格上涨中扮演着主要角色，而农业投入长期不足及基础设施建设滞后导致印度农业生产波动性大，农产品运输成本高，极易对食品价格形成供给冲击。去年印度出现的"洋葱危机"就是由暴雨导致的歉收和运输过程中间的层层加价形成的。同样，作为巴西物价居高不下的首要原因，服务业价格高涨源自该国服务业产值和就业占比过高，服务业价格上升往往与工资上涨相伴，从而演变为价格—工资的螺旋式上升。因此，在结构性因素成为通胀主因的情况下，加息难以有效解决新兴经济体的通胀问题。

（二）内部增长失速和外部美联储量化宽松政策退出是新兴经济体汇率贬值的决定性因素

从影响国际资本流动的因素看，除利率差异外，经济基本面走势、货币政策取向、汇率及其他资产价格的相对预期变化也都会对国际资本流向产生作用，进而造成汇率的波动。在新兴经济体基准利率本就显著高于发达经济体的情况下，此次资本外流和汇率贬值更主要的原因在于新兴经济体和发达国家增长形势的逆转改变了资本的收益预期，而美联储退出量化宽松政策又建立了美元资本回流的趋势。目前来看，由于新兴经济体增长放缓主要源自内部的结构性问题，短期内难有改观，经济增速也将继续在低位徘徊。据 IMF 的最新预测，今后 5 年新兴经济体的平均增速仅为 5.4%，远低于危机前 5 年 7.7% 的平均水平。而同时美国经济复苏势头正进一步巩固，股市房市价格持续上涨，失业率已降至 6.6%，接近 6.5% 的量化宽松退出门槛，年内美联储继续缩减购债规模将是大趋势，甚至可能完全结束量化宽松政策。因此，在这两大趋势性因素不变的情况下，加息难以根本扭转资本外流和本币贬值势头。

二、加息将加剧新兴经济体的困难局面

（一）加息将进一步拖累新兴经济体经济增长

由于增长放缓的趋势短期内难有改变，新兴经济体在此情况下采取逆周期的紧缩货币政策，将抑制金融市场作用的发挥，高盛高华数据显示，去年年底以来，衡量新兴经济体金融市场紧张状况的压力指数已经达到去年 5~6 月时的水平。同时，加息更将提升经济运行成本，削弱消费者消费和企业投资意愿，进而令本已疲弱的经济雪上加霜。自去年启动加息进程后，巴西私人部门借贷需求明显放缓，信贷余额增速由 16.4% 降至去年底的 14.6%，其中房地产、居民、商业领域的贷款增速均明显下降。由于投资下降，去年三季度巴西 GDP 环比下降 0.5%，为 2011 年三季度以来首次负增长。今年阿根廷将基准利率提高到 28.8% 后，该国主要商业银行的个人贷款年利率已经上涨到 49%~52% 不等，加上各类税费，个人贷款者一年期贷款的总成本高达贷款额的 85% 左右，这无

疑将抑制消费者消费，进而拖累经济增长。据 IMF 预测，今年阿根廷经济将增长 2.8%，比去年下降 0.7 个百分点。

（二）加息将加大新兴经济体金融系统风险

国际金融危机爆发后，由于新兴经济体为刺激经济采取了扩张性的财政货币政策，经济出现明显的"加杠杆"趋势，许多新兴国家借贷增速远远超过经济增速。据世界银行数据，土耳其的借贷增速从 2008 年的 33% 一路升至 2012 年 54%，巴西从 58% 升至 68%。而随着经济增速放缓，利率上行，企业和居民债务违约的比例已经开始上升，去年 1 ~ 11 月，巴西企业债务违约率同比增长 1.9%，消费者债务违约率同比增长 1.5%。违约率上升将直接导致银行不良贷款增加。到去年 9 月底，印度银行业的不良贷款率已经升至 4.2%，比上年提高了 0.8 个百分点。如果新兴经济体继续加息，无疑将恶化银行盈利和资产状况，加大银行业的系统性风险。届时新兴市场政府可能将步发达国家后尘，致力于挽救银行使其免于破产。在不少国家都存在财政赤字的情况下，政府的拯救行为将致使国债累加，从而陷入新的风险之中。

三、新兴经济体经济前景不容乐观

（一）新兴经济体风险仍在积累

由于世界增长格局已经由新兴经济体向发达国家倾斜，全球风险格局也随之反转，新兴经济体将成为世界经济中的新风险源。引发风险的来源主要有三个方面：一是经济基本面可能进一步恶化。据汇丰 1 月份新兴市场 PMI 综合指数显示，新兴经济体增长动能继续减弱，仅为 51.4，不仅低于去年 51.7 的平均水平，更远低于去年同期的 64.1。其中土耳其、巴西、俄罗斯、印度尼西亚等主要新兴大国的 PMI 均明显下降，预示这些国家的经济前景不容乐观。二是美联储加速退出量化宽松。今年除 5 月和 11 月外，美联储将每月召开一次议息会议，在此前后市场预期变化导致的国际资本流向转变都可能对新兴经济体造成阶段性冲击。而且，一旦美联储因国内经济复苏基础稳固而加速退出量化宽松政策，新兴经济体遭受的冲击将更为剧烈。三是政治不确定性和社会不稳定性。今年印度、印度尼西亚、土耳其、巴西、南非等国家都将迎来总统或议会选举。为了迎合选民，这些国家急需的结构性改革措施可能无法实现，从而制约经济改善步伐。而且，政治选举中的党派斗争和经济困难相交织，还可能引发严重的社会动荡，进而冲击经济，泰国、乌克兰、委内瑞拉等国近期已接连爆发激烈的社会冲突。因此，在以上三类风险的威胁下，部分新兴经济体将更为脆弱，尤其是低增长、高外部依赖，政局存在不稳定因素的国家，如土耳其、南非、阿根廷等。

（二）新兴经济体风险将波及全球经济复苏进程

尽管当前全球经济中发达经济体仍占据绝对优势，而且今年增长的动力也将更多来自发达国家，但如果新兴经济体爆发区域性危机，其对全球经济构成的冲击也不容忽视。与亚洲金融危机时相比，新兴经济体在世界经济中的规模和贡献已今非昔比。IMF 数据显示，当前新兴经济体占全球 GDP 的份额已较 1997—1998 年增长了将近一倍。从对全球经济增长的拉动作用来看，新兴经济体近年来更是贡献了高达 3/4 的全球增长。其次，发达国家银行在新兴市场上的头寸大幅增加。国际清算银行和彭博数据显示，相比 1997—1998 年，发达经济体银行在新兴市场的头寸规模扩张了 4 倍多。当前发达国家银行体系对于新兴市场的总风险敞口约达 5 万亿美元，接近总风险敞口的 20%。其中欧洲银行业持有的新兴市场贷款余额总计达 3 万亿美元。一旦新兴经济体出现违约，将给发达国家银行业带来巨大损失，由此产生的连锁反应也将冲击发达国家经济。

（本文写于 2014 年 3 月）

警惕新兴经济体风险发酵

一、新兴经济体风险不断发酵

2014年以来，新兴经济体经济形势更趋复杂严峻：不仅经济增速持续低迷，而且金融市场遭遇新一轮动荡，部分国家甚至因内部矛盾加剧而爆发社会、政治危机。

第一，经济放缓与通胀高企并存。继去年经济显著减速后，今年新兴经济体增速放缓的趋势依然没有明显改观。1月份，巴西、俄罗斯工业生产同比分别下降2.4%、0.2%，印度仅增长0.1%，南非工业两大支柱——矿业和制造业增速分别降至3.1%和2.5%。同时，新兴经济体陷入"滞涨"的风险正在加大。巴西、南非、俄罗斯CPI涨幅维持在5%~7%的较高区间，印度物价涨幅尽管有所回落，但仍处于9%左右的水平。阿根廷、委内瑞拉等国家甚至出现了恶性通货膨胀的迹象。

第二，资本外流和金融动荡相伴。今年前两个月，新兴经济体经历了去年5月美联储释放退出量化宽松政策信号以来的第三轮市场动荡：资本大规模外流、股市显著下跌、本币大幅度贬值。据EPFR统计，1~2月从全球新兴市场股票基金流出的资金高达410亿美元，同期MSCI新兴市场股票指数由年初的990点跌至2月上旬的900点附近，跌幅达9%。土耳其里拉、乌克兰格里夫纳兑美元汇率跌至历史新低，阿根廷比索、俄罗斯卢布汇率也降至多年低点。近期尽管新兴经济体金融市场动荡有所缓和，印度等部分国家股市和汇市出现反弹，但新兴经济体整体形势依然脆弱，EPFR预计3月份新兴市场资金仍将持续外流。

第三，经济低迷与政治动荡相互交织。今年以来，由于部分国家经济低迷，通胀和失业高企，新兴经济体政治动荡出现由中东地区向全球扩散的态势。不仅叙利亚内战双方继续僵持，埃及、利比亚等国内部冲突不断，而且泰国、土耳其、委内瑞拉和乌克兰等国相继发生大规模抗议示威活动并引发政局动荡，尤其是乌克兰局势的不断升级一度成为全球金融市场震荡的主要风险点，并造成俄、乌两国股市、汇率大幅波动，资本加速外逃。据俄政府估计，今年一季度俄罗斯资本流出规模将达到700亿美元，超出去年全年630亿美元的水平。这无疑将加剧俄罗斯经济困局。

二、新兴经济体风险发酵源自内外压力加大

第一，结构调整滞后是新兴经济体陷入当前困境的深层次原因。国际金融危机爆发后，新兴经济体为刺激经济采取了扩张性的财政货币政策。这些政策尽管短期内促使经济实现了快速反弹，但也加剧了对原有发展路径的依赖，延滞了经济结构调整进程。如巴西、俄罗斯依然对大宗商品出口高度依赖；印度、印度尼西亚等双赤字问题非常严重。近年来，随着全球经济结构调整逐渐深入，以及前期刺激政策的负面效果不断显现，新兴经济体长期积累的结构性矛盾开始暴露并制约着经济增长：产业发展失衡导致结构性通胀突出，经济低迷又导致国内不同民族、阶层、党派间矛盾加剧，从而使部分国家经济政治风险不断上升。近期金融市场出现剧烈震荡的新兴经济体，多是内部结构性问题较为突出的国家。

第二，美联储加速退出量宽政策是引发新兴经济体动荡的直接原因。在美联储实施三轮量化宽松政策期间，不少新兴经济体借助于宽松的外部环境吸引了大量资本流入，以推高资产价格和通胀为代价实现了总需求扩张。随着发达国家和新兴经济体增长势头逆转，尤其是美国经济自主复苏动力增强后，美联储货币政策开始转向。越来越多的迹象表明，美联储不仅加快了货币政策向正常化回归的进程，而且将于秋季提前结束购债计划并可能于明年初再次加息。这一政策信号增强了资金向发达经济体回流的预期，直接促成了新兴经济体资本外流与本币贬值的局面。2013年以来，新兴经济体金融市场经历的三轮动荡与美联储退出量化宽松的预期和实际举措显著相关。

三、新兴经济体市场动荡对全球经济的冲击有限

由于新兴经济体结构调整短期内难以到位，美联储货币政策退出又趋于明朗，因此未来新兴经济体金融市场可能会随着美国货币政策退出节奏的变化而呈现阶段式震荡。而随着部分国家银行业风险和主权债务风险上升，以及政治选举期的临近，其经济脆弱性和不确定性将继续上升，甚至不排除个别国家出现经济危机进而向周边地区扩散的可能。尽管如此，新兴经济体爆发大规模危机并冲击全球经济的可能性仍较为有限。这是因为：

第一，新兴经济体相对减速不会引发全球经济增速大幅放缓。这主要是因为新兴大国和主要发达国家经济形势仍较为稳定。尽管当前新兴经济体对全球经济增长和世界贸易额的贡献已经占到一半左右，但这主要集中在"金砖国家"。这些国家经济增速虽然较过去相对放缓，但绝对增速仍然高于发达经济体，并且这些国家政治局势较为稳定，抗风险能力较强，随着结构性改革措施的推进，支撑经济的有利因素也在增强。另一方面，相对于大多数新兴经济体而言，能够对全球经济产生显著影响的仍然是主要发达经济体。而当前发达经济体经济形势普遍向好，复苏动力明显增强，从而可为全球经济复苏提供较为可靠的保障。

第二，新兴经济体市场动荡向外传导的风险依然可控。国际清算银行和彭博社的数据显示，尽管当前发达国家银行体系对于新兴市场的总风险敞口高达5万亿美元，接近总风险敞口的1/5，但其市场分布较为分散。如欧元区银行虽是俄罗斯、土耳其的重要资金供给方，但对两国的风险敞口分别仅为1.5%和2.8%。同时，经历了1997年亚洲金融危机和21世纪初的拉美金融危机后，新兴经济体整体抗风险能力已明显提高。这从外债总量和结构中可见一斑：新兴经济体整体外债占GDP比重较之亚洲金融危机时回落近10个百分点，降至25%左右；外债期限结构以中长期居多，主要新兴经济体债务期限在5～10年的占30%左右，1～2年到期的占比有限；债务币种结构中外币占比较低，巴西、南非仅为15%左右，印度尼西亚、土耳其等占比相对较高的国家也没有超过50%。更为重要的是，目前大多数新兴经济体选择了更为灵活的浮动汇率制，从而使汇率在应对资本外流时显现出较强的弹性。

第三，全球和区域层面的协调机制将有助于防止风险扩散。从全球层面看，IMF等国际组织和各国央行已经积累了较丰富的危机应对经验：IMF已经建立了较为成熟的危机援助机制，各国央行间还建立起了外汇互换机制。去年金砖国家已就建立1000亿美元应急储备安排基本达成共识，并有望在今明两年逐步落实。在这种情况下，一旦个别新兴经济体发生危机，可以通过寻求IMF资金援助、央行流动性互换等方式缓解流动性短缺局面。这将在很大程度上稳定市场信心，从而有助于将危机控制在局部范围内，避免进一步传导和扩散。

四、新兴经济体动荡将对我国经济造成一定影响

我国经济自身基本面依然稳健，新兴经济体可能出现的动荡虽不至于给我国经济带来严重冲击，但仍然会通过贸易、金融和信心渠道等方式传导至国内，对我国经济增长、汇率走势、资产价格、市场流动性等产生影响。对此，我国须密切关注、认真对待。

第一，新兴经济体需求下降将拖累我国出口增长。由于新兴经济体占我国出口总额的比重已经显著提升，新兴经济体增长减速造成的需求下降必然将降低来自我国的进口。今年2月，我国出口同比下降20.4%，其中对印度、俄罗斯等主要新兴经济体出口降幅超过23%，成为导致出口大幅下降的重要因素。

第二，新兴经济体货币贬值将加剧人民币汇率波动。由于人民币兑美元波动幅度相对有限，在新兴经济体货币受外部冲击出现大幅贬值的情况下，人民币被动升值压力将明显增加。同时，这也将削弱我国出口产品在新兴市场和发达市场上的竞争力。

第三，新兴经济体动荡将加大我国资本外流压力。在美国启动退出QE之后，新兴经济体资本外流压力普遍加大。在当前我国货币政策呈中性偏紧的取向下，资本流出导致的外汇占款下降可能进一步加剧我国资金紧张局面，加大国内资产价格下行压力，并可能触发房地产泡沫和债务风险。

第四，部分新兴国家政局不稳将影响我国海外利益。由于新兴经济体是我国对外投资的重要目的地，部分国家出现政局动荡和政权更迭不仅会影响到与我国既有协议的顺利执行，而且可能对正在执行的协议造成损失，危及我国海

外资产的安全。如近期泰国政局动荡已导致我国"高铁换大米"计划搁浅，乌克兰政权更迭也令之前双方达成的能源、基建、港口、航空、粮食等投资合作协议出现变数。

（本文写于 2014 年 3 月）

02

全球治理篇

国际金融危机后的全球治理形势及
中国参与全球治理的对策建议

　　随着经济全球化和世界格局的变化，建立在"二战"后国际经济秩序基础上的全球治理体系正步入机制变革期，体现在新兴市场国家作用上升，全球治理议题范围扩大以及区域性治理平台和组织显著增加等方面。而近年来由于世界经济和各国宏观政策逐步分化，国家间利益关系日益错综复杂，为我国参与全球治理带来了一定的难度和阻力。为此，我国应多方入手，通过在未来全球治理中发挥更加积极的建设性作用，提升我国在国际事务中的影响力和话语权，为我国经济社会发展营造更为有利的国际环境。

一、全球治理步入机制变革的新阶段

　　随着经济全球化和世界格局的巨大变化，建立在"二战"后国际经济秩序基础上的全球治理体系与决策模式已无法适应新形势的发展和变化，尤其在国际金融危机以后，面对世界经济的深度结构性调整和日益凸显的全球性问题，改革全球治理机制，加强国际协调，成为国际社会的共同议题。层次不同、范围各异的全球治理制度均经历着不同程度的改建、创建乃至重建过程，全球治理因此也步入机制变革的新阶段，并体现出一些新的特点：

　　一是新兴市场国家经济实力迅速崛起，参与全球治理的意愿和能力逐步加强。全球治理机制的变化反映着国际力量对比和世界经济格局的变化，进入21世纪以来，新兴市场国家的群体性崛起导致全球经济重心开始"东移"，以"金砖国家"为代表的新兴市场大国成为世界经济的领头羊，在世界经济中的比重大幅提升，它们也更加积极地参与全球治理，特别是2008年全球性金融危机的爆发,凸现了自"二战"以来由发达国家主导的政治经济格局的巨大缺陷与不足,在发达国家经济陷入低迷状态、难以提供有效全球治理公共品的背景下,新兴大国承担越来越多的责任,如在应对国际金融危机的过程中,纳入更多发展中国家的 G20 突破了原有的西方七国首脑会议(G7)垄断全球经济事务的格局,在协调各国宏观政策、刺激经济增长、维护金融市场稳定,以及推动贸易投资发展方面都取得了显著的成就。新兴市场国家在发挥越来越大作用的同时,也对旧有的世界格局不断提出新的挑战和诉求,成为全球治理的发展趋势之一。

二是全球治理议题范围扩大,非传统、突发性的全球热点问题增多。随着全球化的不断深入发展,世界经济和贸易低速增长,全球政治格局转变以及人口资源环境矛盾的日益凸显,世界各国面临的共同挑战进一步增多,气候变化、国际金融体系改革、核安全和防扩散、贸易保护主义、粮食安全和人口老龄化等方面的全球性议题显著增加,成为影响各国经济可持续发展的重要因素。同时,当前的全球热点治理议题还包括一些突发性的、具有全球性影响的重大事件,如 2009 年开始的欧债危机、2011 年以来西亚北非地区的持续动荡,这些议题与传统的全球治理议题相比,治理难度相对更大,更容易出现集体行动困境。如希腊债务危机爆发后,在欧盟内部争执不断、欧洲经济前景仍不明朗的情况下,国际社会谨慎对待欧债危机的救助问题,更多采取隔岸观火的消极策略,导致原本的希腊债务危机逐渐蔓延成为威胁整个欧盟团结甚至生存的欧洲债务危机,并导致世界经济复苏势头也受到严重冲击。

三是具有全球性影响的区域性治理平台和组织显著增加,对现有全球治理体系构成补充和挑战。在全球治理出现局限和缺失的前提下,区域性治理成为全球化的新潮流。区域合作既是对多边行动的补充,也是对多边行动的挑战。如在全球贸易领域,由于多哈回合谈判历时十余年仍未能打破僵局,以 10+3、RCEP、TPP、TTIP 为代表的区域性贸易谈判加紧推进,尤其是去年以美国主导的 TPP 谈判取得实质性进展,无疑将对全球新经贸规则的制定产生巨大影响,而以 WTO 为代表的多边贸易谈判则面临被边缘化的风险。此外,国际金融危机以来,以上合组织、金砖国家组织等为代表的由新兴市场国家组成的区域性治理平台在处理地区事务中正发挥着越来越重要的作用。欧盟、东盟、南美洲国家联盟、非盟等区域合作机制也不同程度地加强自身建设以更好地共同应对挑战和推进地区治理；亚太经合组织的实际功能也将有所强化。国际治理秩序和机制正进入一种多层次并存、功能细分的时期。

二、中国参与全球治理面临多重挑战

尽管新形势下全球治理机制总体在向着逐步完善的方向发展，但随着危机后各国经济调整步伐不一，宏观政策取向分化，加之国际经济政治大格局调整背景下，各国间利益关系日益错综复杂，对现有全球治理体系变革的努力也受到越来越多的挑战，我国在参与全球治理的过程中也面临以下方面的突出问题：

一是全球治理规则仍由发达国家掌握话语权，对我国积极参与全球治理构成一定阻力。尽管全球治理中新兴经济体发挥的作用在不断扩大，但作为既得利益者的欧美发达国家不会轻易让出手中的主导权，极力维护"二战"以来对其有利的全球体系与制度，维护以美国主导的，少数发达国家及组织支撑、配合的传统国际体系。如早在 2010 年 IMF 理事会就已经确定 IMF 出资份额的改革方案，我国在 IMF 的份额排名将由此前的第 6 位升至第 3 位。但由于美国等西方成员国拖延履行其国内法律程序，导致改革方案的审批程序在拖延五年后才得以通过。而且，改革方案生效后美国的投票权份额仅由 16.75% 微幅降至 16.5%，根据 IMF 基金章程的规定，IMF 重大事项调整需要获得至少 85% 投票权的支持，因此美国事实上仍然手握重大决策一票否决权。与此同时，美国等国家在国际贸易、核裁军、网络安全等领域，积极提出新倡议、新主张，试图树立相关领域的新规则，通过规则制定维护美国的主导权。在 TPP 的谈判过程中，奥巴马明确指出全球贸易规则的制定应该是美国，而不是中国等国家。因此，当前全球治理仍难以摆脱发达国家主导的局面，我国在推动国际社会建立起公正合理国际治理体系的目标仍任重道远。

二是全球治理主体利益分化导致共同政策协调难度加大，难以对我国的合理主张形成有力支撑。由于当前全球治理主体多元，又缺乏具有全球普遍约束力的治理机构和机制，加之各国间利益关系日益错综复杂，导致国际社会达成一致行动意见的难度显著加大。如在推动全球经济走出国际金融危机泥潭方面发挥巨大作用的 G20，尽管我国一直本着积极和建设性态度参与 G20 机制建设，支持其在全球经济治理中发挥更大作用，但随着各国经济复苏步伐和宏观经济

政策取向的分化，在促进世界经济增长和协调各国宏观经济政策方面 G20 所起到的作用在逐步弱化。在 2014 年的 G20 峰会中，新兴经济体希望美联储调整退出刺激的政策，以减轻对它们经济的冲击。而以美国为代表的发达经济体则回应称，新兴市场的问题主要是国内原因造成的，新兴市场需要自己采取措施，整顿财政和推进结构性改革。同样，成员利益的分化也导致在气候谈判领域出现了我国在积极承担发展中国家责任的同时，日本、澳大利亚、加拿大等发达国家却在减排问题上大幅倒退的局面；在国际贸易方面，周边国家间复杂的利益关系导致了我国在推进亚太自贸区建设、中日韩自贸区和区域全面经济伙伴关系（RCEP）谈判中困难重重，难以对以美国为主导的 TPP 形成有效的应对。

三是大国关系中对抗性因素上升增加我国参与全球治理的难度。全球治理的变革过程中，大国关系的调整与博弈是影响全球治理成效的重要因素。2014年以来美欧与俄罗斯因乌克兰危机造成关系紧张，并引发欧俄相互经济制裁，同时八国集团抛开俄罗斯后，美国及其盟友进一步加强 G7 功能，由此导致全球在解决乌克兰危机、叙利亚问题等地缘政治冲突方面上迟迟难以形成有效方案，并对相关地区经济形势造成持续负面冲击。而作为新兴大国的代表，我国在全球经济和治理格局中地位的提升也在一定程度上加大了美国、日本等国家对我国的防范戒备心态，其遏制中国崛起的意图日益明显，成为近年来我国与周边国家在东海、南海问题上纷争不断的重要原因。因此，我国与美日等大国中对抗性因素上升将不可避免地影响到全球和区域治理领域的合作，大国关系"不稳定期"与当前全球治理的"重构期"重叠，给我国通过与大国合作，加强和完善全球治理增加了难度。

三、中国参与全球治理的对策建议

作为全球第二大经济体，未来一段时间将是我国实现转型发展，由世界大国跃升为世界强国的关键期，这需要我国积极参与全球治理，推动全球治理体制向着更加公正合理的方向发展，为我国经济社会发展创造更加有利的条件，一方面稳固与世界主要大国的关系，为我国经济的顺利转型营造起相对和谐的国际环境。另一方面扩大我国的国际影响力，提升我国在国际事务中的影响力和话语权，树立起负责任的大国形象，从而更好服从服务于实现"两个一百年"

奋斗目标和实现中华民族伟大复兴的中国梦这一根本目的。为此，我国在未来的全球治理中应发挥更加积极的建设性作用：

一是巩固 G20 作为国际经济合作首要平台的地位，推动其在促进世界经济增长、协调各国宏观经济政策以及推进全球经济治理改革方面发挥更大作用。尽管 G20 在当前的世界经济形势下，面临着诸多的挑战，但这并不能否定其作为全球性多边战略经济对话平台的地位和作用。而且短时间内，也难以看到有更为有效的机制能够对其取而代之。因此在今后较长一段时间内，G20 仍是重要的国际战略对话平台。我国可借助今年举办 G20 峰会之机，推动各国政策重心由短期的需求调控，向提高经济长期增长能力转变，积极推动各国达成包括政策、制度、发展理念、商业模式、市场管理、科学技术等在内的有关创新驱动发展的共识及大的概念上的创新。

二是通过上合组织、亚信峰会、金砖国家峰会、APEC 会议以及达沃斯论坛、博鳌论坛等国际多边对话合作平台，发出全球治理中的中国声音。在全球"大多边"对话机制难以达成有效共识的情况下，由于我国与上合组织成员、金砖国家等在经济结构调整和发展规划对接等方面具有更强的互补性，因而具有更为坚实的合作基础和合作意愿，从而更容易达成合作共识。可借助上合组织峰会、亚信峰会、金砖国家峰会等区域性合作组织对话平台，与相关成员国达成一系列具有实质性成效的合作共识，通过在"小多边"的突破带动我国在"大多边"治理机制下话语权的提升。同时，还要积极利用达沃斯论坛、博鳌论坛等国际多边对话合作平台，发出全球治理中的中国声音，扩大我国在国际经济事务中的舆论宣传。

三是借助"一带一路"建设，推动沿线各国发展规划和发展需求对接，开展国际产能合作，建立更广泛的国际合作框架，为全球经济发展提供新的发展方案。基础设施投资对扩大需求和促进全球经济增长的重要性，G20 曾就全球基础设施倡议达成共识，可借此将我国"一带一路"建设和国际产能合作与各国加强基础设施建设相结合，推动我国相关企业加快"走出去"，并通过鼓励政府和社会资本合作（PPP）等融资模式，推动民营企业参与国外基础设施建设项目。

四是以中国责任和中国理念引领全球气候治理机制建设，在国际社会树立中国积极应对气候变化、担当发展中国家责任的国际形象。要坚持气候公约谈判在全球气候治理中的核心地位，坚持发展中国家立场。一方面通过"基础四国"、"立场相近发展中国家"、"77 国集团加中国"等谈判集团，在发展中国家中发挥建设性引领作用，维护发展中国家的团结和共同利益。另一方面与美国、欧盟等发达国家保持密切沟通，寻求共识。同时加强国内生态文明建设，通过科技创新和体制机制创新，实施优化产业结构、建立全国碳排放交易市场等一系列政策措施，为全球应对气候变化作出表率。

五是推动区域经济一体化和多边自贸区建设，加强国际反垄断合作，促进国际经贸规则制定和市场秩序朝着更加公正合理的方向发展。我国可在 WTO、APEC 等国际区域贸易组织中继续坚定地维护多边贸易体制，推动多哈回合谈判取得突破性的进展；确保亚太地区有关区域贸易安排和谈判保持开放、透明、包容的政策，最终让这些区域贸易安排融入全球贸易、多边贸易体制。继续推进亚太自由贸易区（FTAAP）建设，按照《APEC 推动实现亚太自由贸易区路线图》的要求，力争尽快启动 FTAAP 的可行性研究。继续恪守不采取新的保护主义措施的承诺，反对贸易保护主义。同时，推进国际反垄断合作和法律建设，维护全球经济治理中的竞争中立规则，为我国企业参与国际竞争创造公正合理的市场环境。

六是完善世界经济金融治理体制的构架，提高治理的效益和效率。良好的治理是世界经济增长和金融市场稳定的制度保障，发达国家和发展中国家平等参与，共同决策代表着全球金融治理的必然趋势和方向。为此，可团结发展中国家，继续推动提高新兴市场国家在国际金融机构中的代表性和发言权，尤其要推动加快国际货币基金组织改革的进程，增强其资源和应对危机的能力。同时，要鼓励亚洲基础设施投资银行，金砖国家开发银行等新的国际经济金融机构，与世界银行、亚洲开发银行等既有的多边开发机构加强合作、相互促进。

七是引领中美新型大国关系的构建，有效发挥中美双方在协调解决全球治理难题中的积极作用。当前及未来一段时间，美国在全球治理格局中的主导地位仍难以撼动，我国要在全球治理中发挥更大作用，需要尽量减少两国间的正面对抗，同时通过拓展中美共同利益契合点，培育中美新型大国关系。可加强两国在危机管控、对外政策、安全协调等领域的高层战略对话制度化合作，增进在重大国际和地区问题上的沟通和协调，增信释疑。加快中美双边投资协定谈判，加强双方在应对气候变化领域的合作，通过密切中美经济联系培育双方合作的新亮点。

八是推进中国与东盟、中非、中拉、中国与中东欧地区的务实合作，深化南南合作。我国把自己定位一个发展中国家，但是从经济体量上来看其有着发达国家的诸多特征。可以借此成为发展中和发达国家之间的沟通桥梁，作为两个世界的外交大使。同时，目前全球治理的主要主体和我国之间并没有很强的联盟关系，可通过深化南南合作，建立与我国的利益共同体，打造在某些特别议题上的盟友关系。通过东盟与中国（10＋1）领导人会议、中非合作论坛、中国—拉共体论坛、中国—中东欧（16＋1）合作机制等平台和机制建设，围绕"一带一路"建设、国际产能合作推进我国与上述地区国家间的务实合作，增强我国与各地区发展中国家在全球治理、可持续发展、气候变化、网络安全等重大国际和地区问题上的立场协调，增强我国与发展中国家在联合国、WTO、二十国集团、亚太经合组织等国际组织和多边对话平台中的有效合作。

（本文写于 2016 年 5 月）

全球风险高发背景下中国的政策选择

　　当前世界正处于深度转型调整阶段，今后一段时间将是全球新一轮经济格局变革、政治版图塑造以及国际秩序重构的关键时期，这既是我国面临的重要战略机遇期，也是国际各种潜在矛盾的凸显期和风险高发期。今年达沃斯世界经济论坛发布的《2015年全球风险报告》显示，今后十年全球面临着地缘政治、环境、社会、经济和技术五个方面的28项挑战，尤其国家间冲突、极端天气事件等风险对全球稳定的威胁更加突出，未来我国面临的国际环境仍十分复杂严峻。

一、全球面临的主要风险及其对我国的影响

（一）地缘政治风险居高不下恶化我国周边地区形势

　　达沃斯《2015年全球风险报告》显示，地缘政治风险已经成为全球稳定的最大威胁。一方面，受世界经济潜在增长水平不断下降、经济发展差异性加大的影响，全球经济利益争夺和竞争渐趋激烈，加剧了国家间及国家内部不同政党、阶层间的政治对抗。另一方面，伴随着冷战后多极和多文明世界格局的形成，文明差异和对抗引致的地缘冲突更趋频繁和复杂。去年以来，叙利亚危机、乌克兰危机、伊斯兰国兴起、伊朗核危机、朝鲜半岛安全问题、印度半岛安全问题和非洲各国种族冲突等地缘政治风险此起彼伏，未来也将长期居高不下。

　　尤其是今后在我国崛起导致地区国家间发展差距进一步扩大，不排除我国与相关国家争端进一步升级的可能。而且，随着世界范围内恐怖主义、分裂主义、宗教极端主义愈发活跃且呈现出相互交织的势头，"三股势力"将对与我国相邻的中亚、南亚地区国家以及我国新疆、西藏等边疆地区经济社会稳定构成

164

严重威胁。此外，地缘政治风险高发还将对我国推进对外国际合作产生不利影响，如在"一带一路"建设中，沿线沿路国家许多处于社会和经济结构转型时期，安全和发展方面普遍存在不确定性，尤其是地处中东、中亚以及南亚这一"战略不稳定弧"的国家，由此带来的政治风险和经济风险值得我国高度重视。

（二）极端天气事件频发挤压我国环境资源空间

全球气候变暖导致的极端天气频发已经成为影响全球稳定的重大风险之一。去年一季度美国经济因极端严寒天气而陷入负增长，并引发全球经济增长信心下滑。巴西、阿根廷等地出现的干旱导致国际农产品价格明显波动。《2015 年全球风险报告》指出，极端天气是今年仅次于地缘政治风险的第二大全球风险。随着世界人口增长及新兴经济体城市化水平提高和中产阶层扩大，全球对农产品、水资源、矿产及能源资源等的需求将继续增长。据联合国预测，2025 年全球人口将由 2015 年的 73 亿人上升至 81 亿人，城市人口占比也将由 54% 上升至 58%，这将加剧人口与资源、环境之间的矛盾，导致全球气候变化等问题进一步突出，如果各国不能在今年巴黎气候大会上达成有约束力的应对气候变化协议，全球气候变化不仅将令全球经济遭受极端天气影响的风险显著提升，并且将危及全球农业生产的稳定，尤其低收入国家粮食减产将导致食品价格上涨并可能引发社会动荡。《2015 年全球风险报告》显示，去年世界范围内因环境和地区冲突原因所导致的难民数量达到了自第二次世界大战以来的最高水平。

为此，我国经济发展面临的资源环境空间将受到进一步挤压：一方面，当前我国经济发展与人口、资源、环境之间的矛盾日益突出，但未来一段时间内由于我国仍将处在工业化、城镇化、信息化和农业现代化"四化"同步发展的历史阶段，随着城镇化率和人民生活水平提高，能源资源消耗将保持刚性增长，资源约束趋紧、环境污染严重、生态系统退化等问题仍在较长一段时间存在并可能短期内出现反复和加重。另一方面，作为碳排放大国，随着全球对气候变化问题日益重视以及各国围绕碳排放权争夺的竞争和博弈日益激烈，国际社会也将对我国承担更多减排责任赋予更大期望和施加更多的压力。因此，我国在如何协调好经济增长与人口、资源、环境的关系以及争取碳排放权利和承担国际减排义务方面的矛盾将更为凸显。

（三）世界经济缓慢复苏加大我国经济发展模式转型压力

尽管《2015年全球风险报告》指出今年经济风险对全球稳定的威胁较之前明显下降，但其中也指出这可能是一种"控制错觉"，当前的世界经济复苏形势并非如预期乐观。国际金融危机爆发后经过六年来的恢复发展，世界经济虽整体已逐步走出衰退的阴影，但国际金融危机冲击的余波远未平息，新增长点缺失、货币政策分化及流动性泛滥、公共债务和失业高企、全球治理失当、地缘政治冲突不断等问题仍未得到有效解决，各种风险仍在积累并不断显现，世界经济因此将在较长一段时间内保持中低速增长态势。自去年来国际组织不断调降今明两年的全球增长预期，IMF预计"十三五"时期全球经济和贸易平均增速将维持在3.4%和5.6%左右，虽高于"十二五"的2.9%和4.3%，但明显低于国际金融危机前5年3.7%和8.3%的平均水平。

与此同时，国际金融危机爆发以来，我国劳动力成本优势逐渐消失，粗放型投资驱动模式难以持续，以投资驱动和出口导向型传统经济增长模式遇到前所未有的挑战，搭乘传统全球化快车以吸引外资、扩大出口的机遇逐渐消失。特别是近两年来，随着世界经济已步入低增长的"新常态"，发达国家经济增长较危机前明显放缓，经济增长陷入"高失业、高债务"的困境。从中长期看，全球经济保持中低速增长态势难以较快改变，未来较长时间内都将处于调整中，这对我国长期依赖美欧市场的出口增长模式形成严峻挑战。因此在当前国际环境下，我国如不能及时加快技术创新，将经济增长的长期动力转移到依靠技术进步和提高劳动力素质上来，那么陷入"中等收入陷阱"的风险将明显增大。

（四）全球治理变革举步维艰增大我国在国际规则构建中被边缘化的风险

随着全球化的不断深入发展，世界经济和贸易低速增长，全球政治格局转变以及人口资源环境矛盾的日益凸显，世界各国面临的共同挑战进一步增多，气候变化、国际金融体系改革、核安全和防扩散、贸易保护主义、粮食安全和人口老龄化等方面的全球性议题显著增加，成为影响各国经济可持续发展的重要因素。全球治理作为解决全球性问题的主要路径，客观上要求各国进一步加强国际合作，完善应对全球性挑战的机制建设。但同时，由于世界经济复苏步伐分化，各国利益诉求和政策主张差异加大，导致全球宏观政策协调的难度和复杂性也明显增加，尤其是发达国家不愿让渡对全球政治经济秩序的主导权，令包括联合国、IMF 等国际组织改革、全球货币体系改革等全球治理机制的改革举步维艰，难以适应全球治理发展的客观需要。

当前全球治理变革尽管为我国积极参与全球政治经济治理和区域合作、不断提升国际地位提供了新的机遇，但由于发达国家仍在全球范围内具有显著的政治、经济、军事及科技优势，我国短期内无法根本改变发达国家主导全球治理的格局，从而可能令我国在应对全球性问题上处于权利与义务不相对等的局面。而且，随着我国国际地位的提升，发达国家通过构建全球新竞争规则对我国打压围堵的意图更加明显，如美国主导的 TPP 将我国排除在外，并将劳工、环境、知识产权、政府采购、国有企业等非传统领域纳入并制定高标准，可能使我国在新一轮全球化规则制定中处于被动和边缘化的地位。

二、我国应对全球风险的政策建议

随着我国更加深入地融入全球政治经济，在我国经济进入"新常态"以及对外开放步入新阶段的背景下，及时跟踪、分析全球风险的变化和发展态势，并采取积极措施予以应对，不仅将有助于防止内外风险共振，为我国营造一个良好的发展环境，保障我国经济社会发展目标的顺利实现，而且也将有利于我国在国际事务和全球治理中地位和话语权的提升，为此：

（一）加强增信释疑，防范化解地缘政治风险

一是加强对全球热点地区，尤其是与我国利益相关地区安全、政治和经济形势的跟踪和分析，发挥驻外使领馆在获取当地信息方面的优势，及时对潜在风险事件及其可能造成的影响进行预警，并制订相应应对预案。二是加强我国与周边国家在安全领域中的合作，以"亲、诚、惠、容"的周边外交理念和"亚洲新安全观"为指导，推动我国在化解和处理与周边国家领土、领海争端及打击"三股势力"等传统和非传统安全问题中争取更大的主动和国际支持。三是围绕推广"一带一路"倡议的需要，对沿线沿路国家及其有关舆论进行梳理；在对外交往中有针对性地做好增信释疑工作，为"一带一路"倡议营造良好的国际舆论环境和合作氛围；通过相互间的政策沟通、道路联通、贸易畅通、货币流通、民心相通，实现我国与相关国家的利益融合和共同发展。

（二）大力推进节能减排，加速向资源节约型和环境友好型发展模式转变

一是加速产业结构优化升级步伐，加快运用高新技术和先进适用技术改造提升传统产业，促进信息化和工业化深度融合，提高资源能源利用效率。严格控制高耗能高排放产品出口，将"一带一路"建设与推动高耗能、高排放行业产能有序向外转移相结合。二是加大对节能减排科技研发的支持力度，完善技术创新体系，重点支持节能减排共性、关键和前沿技术的研发与突破。三是完善节能减排经济政策，建立能耗强度约束与能耗总量控制相结合的倒逼机制，充分发挥价格、税收的杠杆作用，加快资源性产品价格和环保收费改革，理顺煤、电、油、气、水、矿产等资源产品价格关系，优化资源能源要素配置。四是围绕国际气候变化领域主动与各国开展务实合作，在国际谈判中积极表达合理诉求，承担与自身能力相适应的减排责任。

（三）加快经济转型升级步伐，增强经济内生增长动力

一是要把握世界科技创新和国际产业分工格局变化趋势，加速战略性新兴产业发展和传统产业改造升级，抓住全球变革机遇。二是推进经济结构调整步伐，加快需求结构、城乡结构、产业结构和区域结构的优化升级，为实现经济持续稳定健康发展增添动力。三是以创新驱动为导向，鼓励技术、理念、制度、机制全面创新，提高经济发展的质量和效益。同时充分利用我国现有经济发展成果，为创新提供人财物支撑。在拓展新竞争优势的同时，用先进技术改造传统产业，实现传统产业的优化升级。四是进一步扩大开放，以适应国际环境的发展变化，并在新一轮全球竞争中获取有利位势；同时深化重点领域和关键环节的改革，破除制约经济社会发展的体制机制障碍，增强发展的内生动力。

（四）积极参与全球经济治理，发出"中国声音"

一是加强国际和区域、多边和双边等各个层面治理机制的合作，重点推动G20成为全球治理机制主要平台，促进全球多边治理机制的完善。二是积极维护WTO作为多边贸易机构的权威地位，反对贸易投资保护主义，努力推动形成自由、开放、公平、公正的全球贸易投资环境和全球贸易投资体制。三是积极推进国际金融体制改革，包括国际金融组织改革、国际货币体系改革以及国际金融市场监管改革，构建公平合理的国际信用评级体系，加强国际资本流动监管，推动形成多层次的全球金融安全网络。四是强化发展中国家，尤其是"金

砖国家"间的合作,实现共同发展,提高发展中国家在国际事务中的影响力和发言权。五是加快推动区域经济合作,为引领和带动本地区的经济发展做出更大贡献。加快实施自由贸易区战略,重点与东盟打造 FTA 升级版,创造条件推进中日韩之间的 FTA 谈判。借助"一带一路"建设,加强与周边国家间的互联互通,推进与周边地区的经济融合。

(本文写于 2015 年 4 月)

国际形势对我国实施"一带一路"倡议的
影响及对策建议

　　"一带一路"倡议提出以来，得到国际社会的广泛关注和积极响应，并已取得初步成效，不仅为世界经济复苏贡献着"中国力量"，也为国际政经格局调整和全球治理机制转变发出了"中国声音"，提供了"中国方案"。当前，世界经济仍处于深度调整期，长期矛盾与短期问题相互交织，结构性因素和周期性因素相互作用，国际形势的不稳定性、不确定性有增无减，我国推进"一带一路"建设面临更加复杂的局面。

一、世界经济继续深度调整，复苏低迷程度超出预期

　　根据目前全球经济形势判断，2016 年国际金融危机爆发以来最为错综复杂的一年。一是世界经济增长减速。美国经济继一季度 GDP 增速创两年新低后，5月份新增就业人数意外大幅萎缩；欧盟低增长与高失业问题改善缓慢，成员国疑欧退欧情绪升温；日本经济在"安倍经济学"失效后重归低迷，迫使日本政府延期财政整固计划，加大该国中长期债务风险。主要新兴经济体除中国、印度仍保持较快增长外，均面临一定下行压力，巴西、俄罗斯更陷入衰退泥潭。在此背景下，主要国际组织年内纷纷下调对世界经济增长的预期。世界银行最新预测 2016 年全球经济仅增长 2.4%，持平于去年创下的国际金融危机以来的最低增长水平。二是国际金融市场宽幅波动。受去年底美联储加息滞后效应与全球经济增长悲观预期相叠加的影响，全球金融市场年初剧烈动荡，原油等大宗商品价格创出多年新低，近期美国加息预期反复和英国脱欧风险上升再度对金融市场造成冲击。而且，国际大宗商品价格下跌并未成为世界经济增长的有

效助力，反而加剧资源出口型国家经济困境和债务风险。三是国际贸易投资增长低迷。在全球产业布局调整等长期因素与需求不足、贸易保护主义升温等短期问题的共同作用下，全球贸易增速基本持平甚至低于世界经济增速成为常态，一季度全球贸易更同比萎缩1%，WTO预计2016年全球贸易增速仅2.8%，连续第五年低于长期趋势水平。同时，全球跨境直接投资在对发达国家以并购为主的投资增长带动下反弹，但发展中国家吸收FDI的增速明显下降，全球生产性的"绿地投资"停滞不前，FDI的增长并没有有效转化为全球生产能力的扩张。四是各国宏观政策分化格局延续。美国继续推进货币政策向正常化回归，但加息因关键经济数据转差及外部风险上升一再推迟，欧元区和日本为刺激经济和提升通胀实施负利率政策，新兴经济体步入降息周期的国家增多，汇率制度更具弹性；同时，由于增长分化导致国际宏观经济政策协调难度加大，G20、G7会议等尽管均强调加强政策协调，但总体效果有限。五是地缘政治风险有增无减。乌克兰问题仍悬而未决并导致俄欧相互制裁延续，中东地区局势因叙伊对伊斯兰国战事扭转而有所改观，但美俄利益博弈仍注定了叙利亚问题的长期化趋势，而且由此引发的难民问题和恐怖主义向全球范围内的扩散正引发新的风险，英国脱欧概率上升也在一定程度上由欧盟难民问题引发。此外，东亚地区朝鲜半岛局势、南海问题也不断出现反复，对地区局势稳定构成挑战。

二、推进"一带一路"建设既是风险多发期，但更是战略机遇期

在错综复杂的国际形势下，上半年我国"一带一路"建设仍取得了显著成绩，商务部数据显示，前5个月在整体出口下降的情况下，我国对"一带一路"国家出口仍实现了增长，与"一带一路"国家的双向投资也继续保持向好势头。其中，沿线国家对我国实际投资额同比增长4.5%，我国对相关国家非金融类直接投资同比增长15.8%。我国与沿线国家经贸联系更加密切的同时，也意味着"一带一路"国家在我国对外战略布局和海外利益中的分量进一步提升，其在目前国际政经形势下面临的问题和困境无疑将加大今后我国推进"一带一路"建设的复杂性和艰巨性。

从经济风险看，世界经济复苏放缓和全球货币政策分化导致"一带一路"沿线国家需求下降，部分国家财政收支压力加大，汇率波动和主权债务风险上升，增大我国投资风险。同时，全球贸易减速催升各国贸易保护主义情绪，推进互联互通和一体化门槛增高。从政治风险看，"一带一路"沿线国家多处于亚非欧地缘政治敏感区和风险集中带，大国在欧洲、中东、亚太三大地缘热点地区战略博弈持续激化，导致我国与相关国家开展国际合作的难度增大。从安全风险看，"一带一路"沿线区域历史问题复杂，民族宗教矛盾尖锐，宗教极端主义思潮和国际恐怖袭击活动扩散令安全风险在中东、欧洲、南亚、非洲等地进一步蔓延，进而威胁我国海外经济利益及人员安全。

但也要看到，在当前的经济形势下，各国政府，特别是发展中经济体，为了应对外部环境冲击和发展经济的需要，纷纷欲加大基础设施和产业投资力度，但往往迫于资金、技术水平掣肘。而发达国家自国际金融危机后一直处于艰难调整复苏之中，鼓励产业回流和发展出口，很难有大规模"走出去"的动力。同时，在世界经济新增长点缺乏，结构性调整持续深入，全球宏观政策进一步分化以及地缘政治风险居高不下的背景下，"一带一路"建设也有助于推进全球经济环境的改善。

一是"一带一路"建设有助于培育世界经济新增长点。"一带一路"沿途绝大多数国家都属于新兴经济体和发展中国家，其中多数处于经济发展上升期，市场潜力广阔。以互联互通为目标的基础设施建设投资不仅短期内能够对当地经济发展起到直接的拉动作用，带动物流、人流、资金流、信息流在当地的集聚和增长，长期看也有助于破除发展中国家普遍存在的供给瓶颈，为其经济增长潜力的释放奠定基础。

二是"一带一路"建设有助于加速世界经济结构调整和优化。"一带一路"沿途国家要素禀赋各异，发展水平有别，比较优势差异明显，互补性强。"一带一路"建设有利于推动我国转型升级的需求与沿途国家的要素禀赋优势和经济发展诉求相衔接，促进区域内要素资源的优化配置和产业链的深度融合，形成"1+1>2"的叠加效应，这不仅符合产业发展的一般规律，更顺应了当前全球经济结构调整的趋势和方向。

三是"一带一路"建设有助于提高贸易投资自由化水平。"一带一路"沿途国家多与其他国家和地区签订有多个区域贸易协定，不同贸易协定间覆盖区域呈现重叠化和碎片化特征，而且协定标准参差不一。加强经贸合作作为"一带一路"建设的基础和先导，有利于推动沿途国家加强政策沟通，减少贸易投资壁垒和摩擦，有助于在沿途各国间形成水平更高、标准更统一的贸易投资规范。

四是"一带一路"建设有助于维护地区和平与稳定。"一带一路"沿途部分国家间存在领土领海争端、政治安全局势不稳等威胁区域稳定发展的风险。"一带一路"建设通过经贸纽带促进各方利益融合，通过民心相通促进沿线国家增进互信，使各国在发展中化解矛盾，凝聚共识，从而有助于将沿线各国打造成区域利益共同体和命运共同体，为各国携手应对各种地区不稳定因素，推动沿途国家的和平发展和维护区域的和谐稳定创造了有利条件。

因此总体上看，当前及今后一段时间的世界经济环境，为我国推进"一带一路"实施，并与世界经济复苏和发展形成良性互动提供了一个较好的战略机遇期。

三、当前国际形势下我国推进"一带一路"建设的政策建议

第一，完善"一带一路"建设机制。一是密切跟踪国际政经形势变化对"一带一路"沿线国家的影响，加强对热点地区经济、政治和安全形势的监测分析研判，及时发布预警并制订应对预案。二是完善双边为主、多边为辅的政府间交流机制，深度对接各国发展战略，在共同协商基础上制定共建"一带一路"的短、中、长期规划，加强各国间贸易投资政策协调及合作项目的联合推进，带动有关国家增强自主发展能力。三是明确政企定位与分工，战略性项目由政府主导，原则上按市场规律进行商业化运作的项目，政府应给予企业必要的国别贸易投资环境和防范境外风险指导，不宜介入过深。

第二，推动与沿线国家间的务实合作。一是推动国际产能合作和产业发展对接，充分发挥我国在"铁、公、机、港"建设上的技术优势和丝路基金、亚投行等资金优势，帮助各国打通互联互通的关节，助力经济发展。二是及时跟进制造业、物流、金融、航空、通信等后续产业合作，构建我国与周边国家互联互通的供应链、产业链和价值链，提高所在国生产能力，健全产业体系，带动这些国家的就业和经济增长。三是将"走出去"和"引进来"相结合，扩大对"一带一路"沿线国家的进口，建立起较为平衡的双边贸易关系。

第三，着力增强"软实力"联通。一是在市场准入、项目环评、产品质量、知识产权等方面打造和推广"中国标准"，在经济合作方面制定互利共赢的"中国规则"，在经济一体化方面，通过提高投资贸易便利化，塑造符合周边和广大发展中国家利益的"中国秩序"。二是推动人民币国际化。在"一带一路"项目建设、贸易结算、投融资、货币互换、对外援助中增加人民币投放比例，扩大人民币使用范围，建立人民币在周边的"锚货币"地位。三是加强人文交流。扩大与"一带一路"沿线国家间教育、医疗、旅游、体育、科技等方面的交流合作，充分发挥政党、议会、传媒、智库、非政府组织等桥梁作用，增进"一带一路"建设的民意和社会基础。

第四，处理好与域内外大国间的关系。一是加强对美沟通，避免中美直接对抗和战略误判，在"一带一路"能源、反恐、安全等领域探索和加强中美务实合作，推动中美构建新型大国关系。二是扩大中俄利益融合，推动"一带一路"与俄主导的欧亚经济联盟对接，巩固双方战略协作和内生经济基础。三是继续深化与欧盟的沟通与合作，把"一带一路"与欧盟投资计划相结合，重点加强与英德法等核心国家及中东欧新兴市场国家的合作。四是增强中印战略互信，重视边界、海上安全问题沟通，加强双方在亚投行、孟中印缅经济走廊建设中的合作，推动印"向东行动"倡议同"一带一路"倡议对接。

（本文写于 2016 年 7 月）

G20 国家发展情况及中国的角色定位

G20 成员基本囊括了全球主要的经济体，占全球 GDP 的比重达到86%，在全球具有举足轻重的地位和作用。

一、G20 国家宏观经济形势分析

近年来，受全球经济进入再平衡和各国经济步入结构调整的影响，G20 成员经济表现冷热不均。继 2015 年世界经济创下国际金融危机以来的最低增速后，2016 年世界经济并未出现明显改观，美联储加息预期反复及英国公投意外脱欧导致国际金融市场宽幅震荡，并加大了世界经济面临的不确定性，IMF、世界银行、联合国、OECD 等主要国际组织年内纷纷下调对世界经济增长的预期。IMF 最新预测 2016 年全球经济仅增长 3.2%，持平于去年创下的国际金融危机以来的最低增长水平。

表1　G20 成员国 2015 年 GDP 规模、增速及 2016 年增速预测

	经济总量（十亿美元）	GDP 占比	2015 年 GDP 增速（%）	2016 年 GDP 增速预测（%）
欧盟	16220.4	22.2%	2.0	1.8
阿根廷	585.6	0.8%	1.2	－1.0
澳大利亚	1223.9	1.7%	2.5	2.5
巴西	1772.6	2.4%	－3.8	－3.8
加拿大	1552.4	2.1%	1.2	1.5
中国	10982.8	15.0%	6.9	6.5

续表

	经济总量 （十亿美元）	GDP 占比	2015 年 GDP 增速（%）	2016 年 GDP 增速预测（%）
法国	2421.6	3.3%	1.1	1.1
德国	3357.6	4.6%	1.5	1.5
印度	2090.7	2.9%	7.3	7.5
印度尼西亚	859.0	1.2%	4.8	4.9
意大利	1815.8	2.5%	0.8	1.0
日本	4123.3	5.6%	0.5	0.5
韩国	1376.9	1.9%	2.6	2.7
墨西哥	1144.3	1.6%	2.5	2.4
俄罗斯	1324.7	1.8%	−3.7	−1.8
沙特阿拉伯	653.2	0.9%	3.4	1.2
南非	313.0	0.4%	1.3	0.6
土耳其	733.6	1.0%	3.8	3.8
英国	2849.3	3.9%	2.2	1.9
美国	17947.0	24.5%	2.4	2.4
G20 合计	62903.4	86.0%		

资料来源：IMF。

在此背景下，G20 主要发达经济体成员中，美国经济复苏步伐相对较为稳健，前景比较乐观，2016 年一季度美 GDP 环比折年增长 1.1%，好于前两年同期表现，而且市场普遍预计二季度 GDP 增速将有所反弹，IMF 预计今明两年美国 GDP 增速将分别达到 2.4% 和 2.5%。与美国相比，欧洲低增长、低通胀与高失业问题改善缓慢，欧盟一季度 GDP 环比增长 0.5%，失业率下降但仍在 10%以上，成员国疑欧退欧情绪升温，其中，欧洲主要经济体中，德国、英国复苏情况相对较好，一季度 GDP 环比增速分别为 0.7% 和 0.4%，但近期英国公投退欧对英国和欧盟经济造成潜在风险，增添了欧洲经济复苏的不确定性。日本经济在"安倍经济学"失效后重归低迷，一季度 GDP 虽环比折年增长 0.4%，但低迷消费和投资加之熊本地震负面影响，迫使日本政府再度延期财政整固计划，加大该国中长期债务风险。

和发达经济体的冷热不均一样，G20 主要新兴经济体成员的表现也呈现分化。中国和印度依然保持较快增长，巴西和俄罗斯下行压力较大。其中，中国经济增速虽然放缓，但从全世界来看中国经济增速依然很高，而且中国正在大力推进结构改革和经济转型，虽然经济增长会出现减速，但将是更健康和更可持续的增长。根据 IMF 预测，中国今明两年的增速将分别为 6.5% 和 6.2%。随着印度新政府的改革措施初现成效，经济也逐步改善，一季度 GDP 增速达 7.9%，成为主要新兴经济体中增长最快的国家，根据 IMF 的预测，印度经济增速今明两年将达到 7.5%，从增速看将超过中国。受大宗商品价格下跌及西方制裁或国内政治动荡等影响，巴西、俄罗斯陷入持续衰退泥潭，一季度 GDP 分别同比萎缩 5.4% 和 1.2%。IMF 预计，巴西、俄罗斯 2016 年的经济增长率为 −3.8% 和 −1.8%。

总体而言，G20 成员中，经济较快实现结构调整并取得进展的国家经济增长恢复较快，如美国、英国、德国以及印度等；而处于转型中或转型迟滞的经济体则面临较大的下行压力，如以出口大宗商品为主要经济拉动力的巴西、俄罗斯、南非、沙特阿拉伯等。

二、G20 近年来发展的特点及问题

在应对国际金融危机的过程中，以 G20 为代表的国际多边对话平台在各国协调宏观政策、刺激经济增长、维护金融市场稳定以及推动贸易投资发展方面都发挥了积极的作用，取得了显著成就，因此近年来 G20 峰会的举行也得到了各国的重视和积极响应。但随着危机后各国经济调整步伐不一，宏观政策取向分化，加之国际经济政治大格局调整背景下，各国间利益关系日益错综复杂，未来 G20 在全球经济发展和治理中的地位和作用也受到越来越多的挑战，具体体现在以下三个方面：

一是 G20 成员利益分化。不同于危机爆发后各国普遍以刺激经济、稳定信心为首要任务，当前尽管世界经济复苏依然乏力，但已呈分化之势，发达国家经济出现企稳迹象，尤其美国经济复苏动力明显恢复，货币政策逐步向正常化回归，欧日经济虽然复苏缓慢，但也相对稳定。而作为危机后拉动世界经济走出衰退泥潭的首要动力，新兴经济体目前面临着增长放缓、结构性矛盾凸显以

及发达国家货币政策调整、地缘政治冲突不断等外部风险上升的困境。因此，G20 成员间利益和诉求不同导致分歧加大。如在之前的 G20 峰会中，新兴经济体希望美联储调整退出刺激的政策，以减轻对它们经济的冲击。而以美国为代表的发达经济体则回应称，新兴市场的问题主要是其国内原因造成的，新兴市场需要自己采取措施，整顿财政和推进结构性改革。

二是 G20 作用弱化。成员间利益分化无疑加大了各国在 G20 框架下达成一致的难度，也削弱了各国在落实 G20 声明或联合公报中所做承诺的意愿和主观能动性，从而使近年来 G20 无法像应对国际金融危机时起到那样显著的作用。比如在 IMF 份额和治理改革议题中，尽管 G20 多次重申尽早实施该改革方案是"最优先任务"，但由于美国等西方成员国拖延履行其国内法律程序，导致改革方案的审批程序在拖延五年后才得以通过。而且，G20 作用弱化还与其机制的缺陷有关，G20 属于布雷顿森林体系框架内非正式对话的一种机制，并不是依据国际条约或其他适用的国际法法律文书成立的国际组织，不具有法人资格，也没有常设机构对承诺进行执行和监督。因此，尽管 G20 组织的松散性有利于在危机时期兼顾到各成员国社会政治经济体制的多样性、文化传统的多元性以及利益关系的复杂性，将各国团结在一个共同的目标下，但随着各国形势和利益取向的分化，G20 对成员国缺乏硬约束的缺陷成为导致其作用下降的重要原因。

三是 G20 议题泛化。随着全球形势的变化，G20 议题也不断拓展，G20 峰会从最初的应对金融危机，到改革国际金融秩序，加强各国家宏观经济政策协调，再到如何实现更加强健均衡的增长，以及环境、气候问题、食品、人员安全问题、地缘政治问题、青年就业问题等诸多领域。这既是 G20 适应时代变化发展，及时应对全球经济出现的新热点、新问题的表现，也是一种在原有议题难以取得显著进展，转而寻求在其他领域寻求突破的无奈选择。尽管如此，G20 议题泛化可能导致进一步削弱其在推动核心议题方面的效果和作用。

因此，在当前形势下，G20 面临的任务一是要继续发挥平台作用，增强成员国之间的凝聚力，求同存异，力争在推动世界经济增长和完善全球治理等核心议题方面取得显著进展；另一方面要加强自身体制机制建设，聚焦议题，积极探索新的管理模式，除了为各国提供对话的机会之外，更应达成一种解决国际社会系统性问题的合作框架，力争在保留组织包容性的同时，在制度化与获得法律效力方面取得显著进展。

三、中国在 G20 中的战略定位

尽管 G20 在当前的世界经济形势下，面临着诸多的挑战，但这并不能否定其作为全球性多边战略经济对话平台的地位和作用。而且短时间内，也难以看到有更为有效的机制能够对其取而代之。因此在今后较长一段时间内，G20 仍是重要的国际战略对话平台。

作为全球第二大经济体，未来一段时间，尤其是"十三五"规划期间，将是我国实现转型发展，由世界大国跃升为世界强国的关键期，这需要我国借助 G20 这样的平台，一方面稳固与世界主要大国的关系，为我国经济的顺利转型营造起相对和谐的国际环境。另一方面扩大我国的国际影响力，提升我国在国际事务中的影响力和话语权，树立起负责任的大国形象。另外还可借此倒逼国内经济的改革和转型。因此，积极参与 G20 对我国的未来发展具有重要的现实考虑和战略意义。

为此，我国在 G20 中应发挥积极的建设性作用：

第一，积极参与，但不对美国的主导地位形成挑战。十八届三中全会提出了我国将积极地参与多边事务，我国会致力于推动建立开放的世界经济体系。这一体系内各国应对其宏观经济政策承担相应的责任并注重政策之间的协调、深化贸易自由并反对保护主义。

第二，加强与金砖国家合作。在 G20 平台上，我国可以进一步推动和金砖国家之间的合作，并一同在全球舞台上增强发展中国家的声音。金融危机的爆发固然削弱了发达国家在国际经济治理体系中的权力，但其仍然把握着主导权。发展中国家要争得更多的话语权，需要统一发出声音。这就要求我国和其他金砖国家能紧密合作。

第三，成为发展中国家和发达国家的沟通平台。我国把自己定位一个发展中国家，但是从经济体量上来看其有着发达国家的诸多特征。中国可以成为发展中国家和发达国家之间的沟通桥梁，作为两个世界的外交大使。

第四，建立与我国的利益共同体。目前 G20 的成员国和我国之间并没有很

强的联盟关系。我国需要寻找和这些国家的共同利益，打造在某些特别议题上的盟友关系。

四、推动 G20 在世界经济中发挥更为积极作用的建议

第一，大力推动结构性改革，创新增长模式，挖掘世界经济新的增长动力。促进世界经济增长是 G20 的核心任务，也是过去几届峰会的核心议题。当前世界经济的复苏进程依旧缓慢，不稳定、不确定的因素十分突出，部分国家甚至可能陷入长期停滞；新兴经济体也出现整体下滑的情况，国际货币基金组织多次下调世界经济的增长预期，认为潜在增长能力较危机前还有较大的差距。面对复杂挑战，需要创新增长模式，挖掘新的增长动力。事实已经证明，非常规和周期性的政策属于短期的需求调控，不能提高经济长期增长能力。长远看，必须将重点转向开展符合各国实际的结构性改革，加强供给端的调整，提高生产要素的配置效率，激发市场的活力和创造力。为此，我国可在 G20 积极推动各国达成有关创新驱动发展的共识，推动包括政策、制度、发展理念、商业模式、市场管理、科学技术等在内的大的概念上的创新。

第二，全力推动全球贸易和投资的增长，构建开放型世界经济。根据 WTO 的数据，国际贸易增长已经连续多年低于世界经济的增长。国际贸易低迷阻碍着世界经济的长期活力，终将损害各方的利益，G20 成员都是贸易大国，推动建设自由开放、普惠共赢的全球大市场有利于各成员国的共同发展。为此，我国可在 G20 会议中继续坚定地维护多边贸易体制，推动多哈回合谈判取得突破性的进展；加强国际货币政策协调，避免出现各国货币汇率竞争性贬值，继续恪守不采取新的保护主义措施的承诺，反对贸易保护主义。

第三，完善世界经济金融治理体制的构架，提高治理的效益和效率。良好的治理是世界经济增长和金融市场稳定的制度保障，G20 的发展壮大历程说明，完善全球经济金融治理是国际经济格局变化的客观反映和必然结果，而发达国家和发展中国家平等参与，共同决策代表着全球治理的必然趋势和方向。为此，我国要团结发展中国家，推动各国在 G20 框架下切实兑现领导人达成的共识和做出的承诺，继续推动全球经济治理改革，确保改革不停步，提高新兴市场和发达国家的代表性和发言权。尤其要推动加快国际货币基金组织改革的进程，

增强其资源和应对危机的能力。同时，要鼓励亚洲基础设施投资银行、金砖国家开发银行等新的国际经济金融机构，与世界银行、亚洲开发银行等既有的多边开发机构加强合作、相互促进。

第四，大力促进基础设施领域合作，加速我国"一带一路"建设和国际产能合作步伐。为了达到推动世界经济在未来五年内额外增长2%的目标，G20各国一致认同基础设施投资对扩大需求和促进经济增长的重要性，并就全球基础设施倡议达成共识。根据共识，将建立基础设施项目数据库，使潜在的投资者找到合适的项目；通过知识共享平台，建设公共领域专业知识网络，创建标准化的文件记录，减少全球新投资的成本。可借此将我国"一带一路"建设和国际产能合作与各国加强基础设施建设相结合，推动我国相关企业加快"走出去"，并通过鼓励政府和社会资本合作（PPP）等融资模式，推动民营企业参与国外基础设施建设项目。

（本文写于2016年6月）

杭州 G20 峰会：中国开出"治世良方"

2016 年 9 月 4 日至 5 日举行的 G20 杭州峰会是我国继 2014 年 APEC 峰会后主办的又一项具有重大全球影响力的国际峰会，而且无论是成员国代表性、讨论议题覆盖面还是峰会成果丰富度都远超前者，这使得 G20 杭州峰会成为我国近年来举办的级别最高、规模最大、影响最为深远的国际峰会，也为我国向世界经济复苏贡献"中国力量"，对全球经济治理机制改革发出"中国声音"，提出"中国方案"提供了难得的机遇。

G20 成员基本囊括了全球主要的经济体，占全球 GDP 的比重达到 86%，在全球具有举足轻重的地位和作用。在应对国际金融危机的过程中，以 G20 为代表的国际多边对话平台在各国协调宏观政策、刺激经济增长、维护金融市场稳定以及推动贸易投资发展方面都发挥了积极的作用，取得了显著的成就，因此近年来 G20 峰会的举行也得到了各国的重视和积极响应。但随着危机后各国经济调整步伐不一，宏观政策取向分化，加之国际经济政治大格局调整背景下，各国间利益关系日益错综复杂，G20 在全球经济发展和治理中的地位和作用也受到越来越多的挑战。

因此，在当前形势下，G20 面临的任务一是要继续发挥平台作用，增强成员国之间的凝聚力，求同存异，力争在推动世界经济增长和完善全球治理等核心议题方面取得显著进展；另一方面要加强自身体制机制建设，聚焦议题，积极探索新的管理模式，除了为各国提供对话的机会之外，更应达成一种解决国际社会系统性问题的合作框架，力争在保留组织包容性的同时，在制度化与获得法律效力方面取得显著进展。

G20 杭州峰会以"构建创新、活力、联动、包容的世界经济"为主题，通过"创新增长方式"、"更高效全球经济金融治理"、"强劲的国际贸易和投资"和"包容和联动式发展"等议题的设置，不仅为世界经济和全球治理开出了"中国药方"，而且为 G20 的发展进一步明晰了方向。

一是增能添力，挖掘世界经济新的增长动力。促进世界经济增长是 G20 的核心任务，也是过去几届峰会的核心议题。各国政策实践已经证明，非常规和周期性的政策难以提高经济长期增长潜力，必须将政策重点由需求侧转向供给侧的调整和结构性的改革，激发市场的活力和创造力。G20 杭州峰会将"创新增长方式"确定为峰会重点议题，这是 G20 首次聚焦全球增长的中长期动力。同时，推动全球贸易和投资的增长，构建开放型世界经济；推进结构性改革和全球经济治理完善，引领全球落实 2030 年可持续发展议程也无一不是为提高世界经济中长期增长增能添力的有效举措。目前各国已就制定 G20 创新增长蓝图达成原则共识，并将在创新、新工业革命、数字经济等领域制定系列具体行动计划，这将为世界经济增长提供新动力，开辟新路径。

二是建章立制，推动峰会成果得到切实有效落实。好的政策得不到落实也仅是一纸空文，而好的规则制度设计则是确保政策落到实处的有效保障。杭州峰会切中 G20 作用弱化的关键，注重规则和制度建设，并力求有所突破，这也为 G20 从危机应对向长效治理机制转型提供了有益探索。在结构性改革方面，杭州 G20 峰会推动各国不仅要确定结构性改革的优先领域、指导原则，而且要建立一整套衡量改革进展和成效的指标体系，从而有利于将各国政策落实情况进行量化衡量，这在 G20 历史上是第一次。在贸易投资领域，杭州 G20 峰会推动各国制定全球首个多边投资规则框架，确立全球投资政策指导原则，从而有利于打破当前国际投资为各种双边协定分割的局面，促进全球跨境投资合作的发展。此外，杭州 G20 峰会还通过打造推动气候变化《巴黎协定》尽早生效、深化国际金融架构改革以及落实 2030 年可持续发展议程行动计划等峰会成果，力求使相关政策协议切实落到实处。

三是添砖加瓦，向国际社会提供中国特色的国际公共产品。作为全球最大的发展中国家，我国兼具发达和发展中国家的诸多特征，这也使中国可以成为发展中国家和发达国家之间的沟通桥梁。此次杭州 G20 峰会是发展中国家参与最多的 G20 峰会，而且将发展问题摆在二十国集团峰会议程突出位置，体现了中国作为两个世界外交大使的桥梁作用。同时，为了达到推动世界经济在未来五年内额外增长 2% 的目标，G20 各国在此前的峰会中一致认同基础设施投资对扩大需求和促进经济增长的重要性，并就全球基础设施倡议达成共识。中国将"一带一路"建设、国际产能合作以及"大众创业、万众创新"等融入峰会，为全球基础设施联通、支持发展中国家工业化以及全球创业创新发展加入了中国元素，为世界经济和全球治理提供了具有中国特色的国际公共产品。

（本文写于 2016 年 8 月）

以亚欧首脑会议为平台，推动中国与亚欧国家合作

亚欧大陆是世界上国家最多的大陆，亚欧首脑会议 53 个成员国在地缘上东西贯通亚欧大陆，囊括了东亚、东南亚、大洋洲、欧洲、南亚次区域范围内的主要经济体，人口约占世界的 60%，经济总量超过世界的 56%。

一、亚欧国家经济形势分析

国际金融危机以来，随着全球经济步入深度调整期，经济增长持续低迷，贸易活动疲软，大宗商品价格暴跌，国际金融市场波动性增加，亚欧首脑会议各成员国经济也面临不同程度的经济减速和结构调整压力，呈现总体放缓，区域分化的特点。从整体看，由于域内的发达经济体复苏乏力，新兴经济体经济在结构性调整压力下增长放缓，部分国家甚至出现经济衰退，加之美国经济在国际金融危机后率先调整并进入相对平稳的复苏阶段，亚欧国家在全球经济中的比重近年来有所下降，IMF 数据显示，亚欧首脑会议成员国占全球 GDP 的比重已经由 2008 年的 58% 降至 2015 年的 57% 左右。

同时，由于成员国间经济发展水平和增长模式差异较大，在世界经济和全球产业布局再调整的背景下，不同区域国家间的经济走势分化加大。从区域看，除日本经济继续低迷外，东亚国家尽管经济增速有所放缓，但依然是拉动世界经济的主要力量，世界银行数据显示，2015 年东亚和太平洋地区新兴经济体经济增速达到 6.5%，中国、越南、菲律宾、老挝、缅甸 GDP 增速均在 5.8% ～7% 的较高水平，远高于世界经济 2.4% 的增速。南亚地区受益于全球产业调整带来的资本流入及改革和人口红利释放，2015 年经济增速超过东亚地区，成为全球经济增长最快的地区，印度今年一季度 GDP 增速更达到 7.9%，为全球主

要经济体中增长最快的国家。与此对应，欧盟经济自欧债危机后复苏乏力，低增长与高失业问题改善缓慢，成员国疑欧退欧情绪升温，今年一季度 GDP 环比增长 0.5%，失业率维持在 10% 以上；俄罗斯、蒙古、哈萨克斯坦等对资源出口依赖较大的国家经济受国际大宗商品价格下跌冲击严重，蒙古 GDP 增速由 2014 年的 7.9% 大幅下降至 2.3%，俄欧 2014 年起因乌克兰问题引发的相互制裁更加剧了俄经济困难局面，并由此陷入持续经济衰退，2015 年 GDP 萎缩 3.7%，与俄欧经济联系密切的部分中亚、中东欧地区国家也遭受波及，经济增速明显放缓，哈萨克斯坦 GDP 增速由 2014 年的 4.1% 大幅降至去年的 1.2%。

总体判断，由于世界经济深度调整仍将持续，制约各国增长的结构性因素短期内难以消除，国际大宗商品供需趋于均衡，价格回升空间有限，欧俄经济制裁因乌克兰局势僵持而延长，2016 年亚欧大陆国家经济仍将延续分化调整格局，其中，东亚和南亚仍将是亚欧大陆乃至全球经济增长最快的地区，世界银行预计东亚及太平洋地区新兴经济体将增长 6.3%，南亚地区经济增速将提升至 7.1%，其中印度 GDP 增速将达到 7.6%。由于外需不振，内需受高失业和财政政策空间不足制约，IMF 预计欧盟 GDP 增速由去年的 2% 降至 1.8%，欧洲新兴经济体则持平于去年的 3.5%；资源出口型国家经济困难局面仍将持续，俄罗斯经济依然处于衰退的泥潭，但因制裁对经济的负面影响下降以及资本外流情况改善，2016 年萎缩幅度有望收窄至 1.8%，蒙古、哈萨克斯坦 GDP 增速则将进一步降至 0.4% 和 0.1%。

二、以亚欧会议作为平台增进与亚欧国家合作

尽管当前形势下亚欧国家经济社会发展面临不同程度的困难，部分成员国间还存在一定政治纷争，但长期看亚欧大陆仍是世界上发展机遇最多、潜力最大的大陆，亚欧合作未来在全球的分量和作用将进一步提升。而且，在世界经济增长放缓、国际政经格局深入调整和全球治理机制深刻变革的背景下，以亚欧会议作为平台，继续加强我国与亚欧国家合作具有特殊重要性和战略意义。

一是加强与亚欧国家合作有利于提升我国整体外交战略的主动性及对大国关系的引导力和塑造力。亚欧大陆涉及欧、日、俄、印等主要大国，在美国加紧推进重返亚太战略，并试图通过 TPP、TTIP 从亚欧大陆两端对我国形成战略

性挤压的背景下，加强与亚欧国家间的合作，增进我国与周边国家和地区大国间的战略对接和利益融合，丰富我国运筹大国关系的战略资源，为我国外交战略的顺利实施提供更大回旋余地。

二是中国与亚欧国家投资经贸合作潜力巨大。亚欧大陆国家众多，发展水平有别，经济互补性强，而且其中绝大多数国家都属于新兴经济体和发展中国家，经济发展处于上升期，市场潜力广阔。与亚欧国家开展"一带一路"建设和国际产能合作，不仅有利于推动我国转型升级的需求与相关国家的要素禀赋优势和经济发展诉求相衔接，促进区域内要素资源的优化配置和产业链的深度融合，而且以互联互通为目标的基础设施建设投资短期内不但能够对当地经济发展起到直接的拉动作用，长期看也有助于破除发展中国家普遍存在的供给瓶颈，为其经济增长潜力的释放奠定基础。

三是亚欧各国经济增长乏力为我国与亚欧国家合作提供了契机。为应对经济下行压力，亚欧国家对融资、基础设施建设及产业合作方面的需求较为强烈，与我国合作意愿增强，这为我国加强与亚欧国家的投资经贸合作提供了契机。我国应抓住亚欧国家经济调整的窗口期，加强顶层设计和政策扶持，选择部分重点国家尽快提升合作的规模和质量，将其打造成为亚欧国家合作的典范，从而对我国同亚欧国家合作起到带动和示范作用。

三、加强与亚欧国家合作的对策建议

一是加快基础设施互联互通进程。推动亚欧国家合作建立新的亚欧大陆桥和跨亚欧运输走廊，以重大基础设施建设项目为引领，增强亚欧贸易航线运力，加快推进亚欧海底光缆建设，形成涵盖海运水运网、高速公路网、高速铁路网、航空网、通信光缆网、信息高速公路网等在内的亚欧互联互通网络。

二是加强亚欧国家发展规划对接和产业合作。推动"一带一路"倡议与欧亚经济联盟建设、欧洲投资计划以及与哈萨克斯坦、蒙古、印度尼西亚等国提出的发展战略和规划对接，寻求与各国互利共赢发展的最大公约数；鼓励我国企业通过合作、合资等灵活方式，合作建立产业园区、境外经贸合作区，提升亚欧产业链、价值链合作水平。

三是构建亚欧开放型贸易投资体系。深化亚欧国家海关、质检、电子商务、

过境运输、标准认证、知识产权等方面合作，促进区域内人员、货物、资本、技术和服务自由流动，联合亚欧国家共同反对贸易保护主义；完善现有区域和次区域合作机制，加快商谈双边和多边自由贸易协定，推动我国与亚欧国家自贸区谈判进程。

　　四是促进亚欧金融市场完善和投融资创新。推进人民币国际化进程，加强我国与亚欧国家双边或多边货币互换，适度扩大双边货币互换的范围；推动亚投行、丝路基金与世界银行、亚洲开发银行、欧洲投资银行和其他金融机构密切沟通协调，创新投融资方式，调动各方资金参与相关项目建设。

（本文写于 2016 年 6 月）

附表　美国三次"无就业复苏"中
各行业就业指数的变化

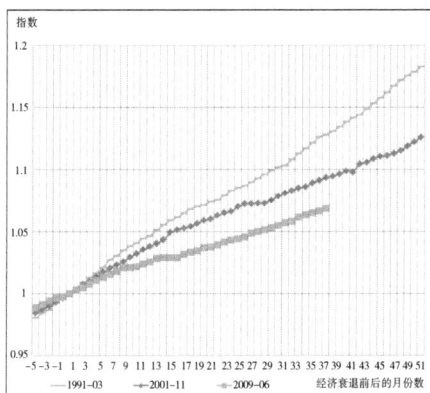

教育和医疗服务业

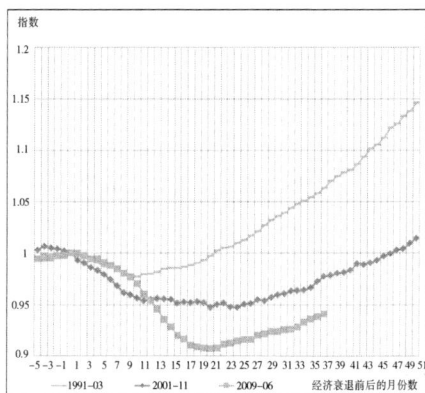

专业和商业服务业

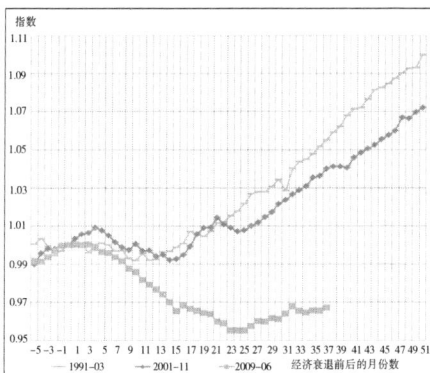

休闲和酒店业

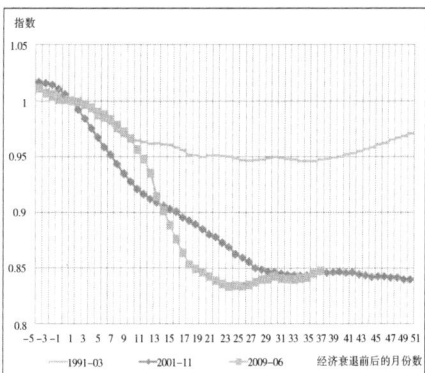

制造业

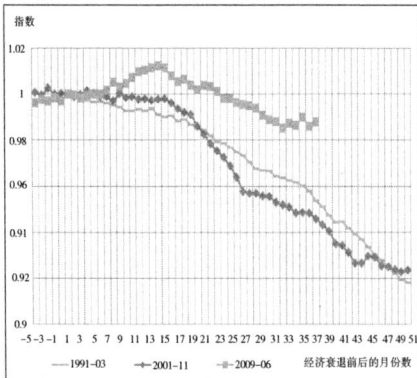

公用事业

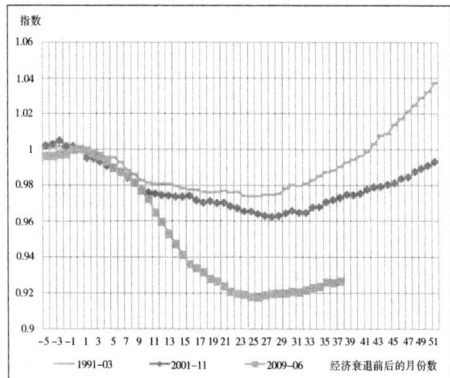

贸易、运输及公用事业服务业

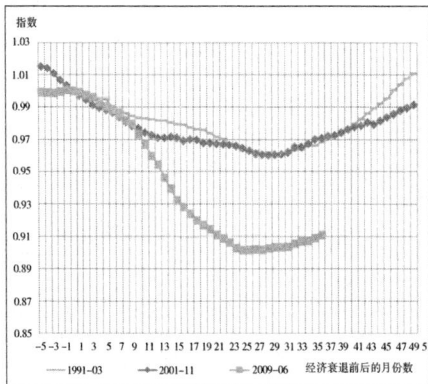

批发业

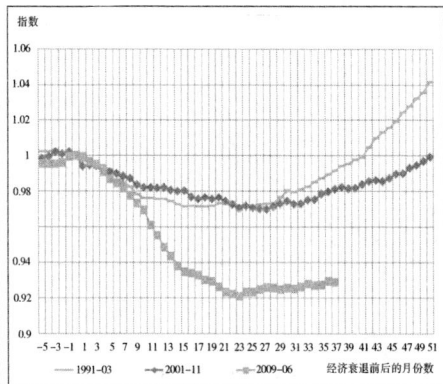

零售业

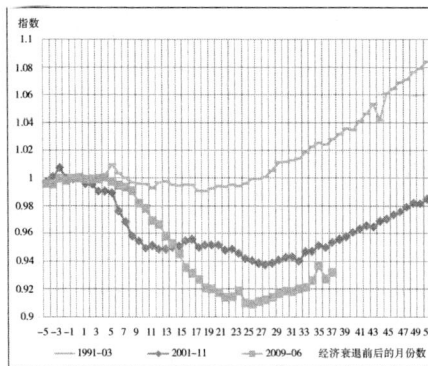

交通运输及仓储业

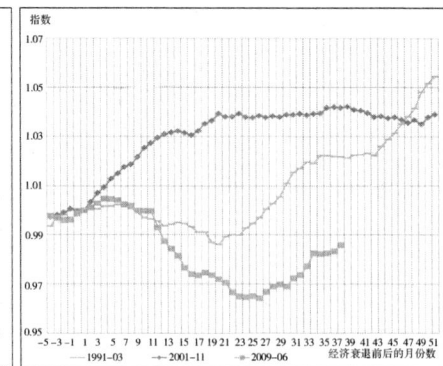

其他服务业

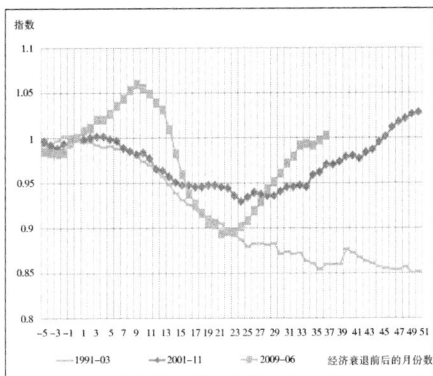

自然资源及采矿业

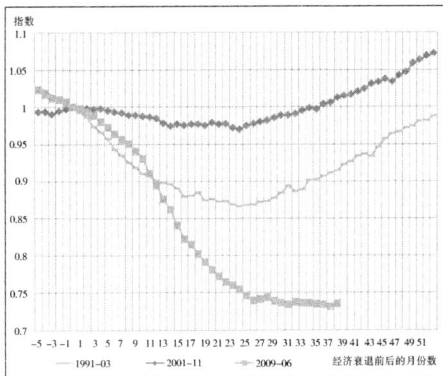

建筑业

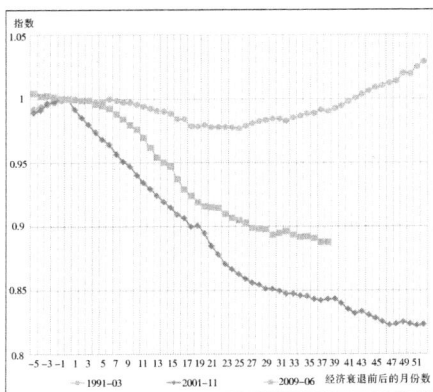

信息业

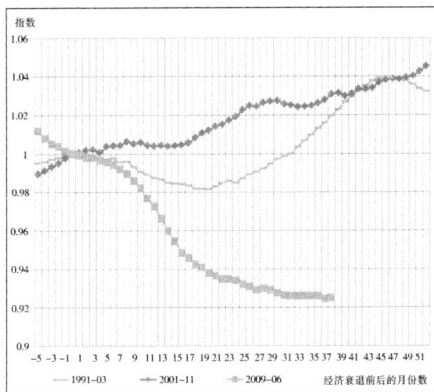

金融业

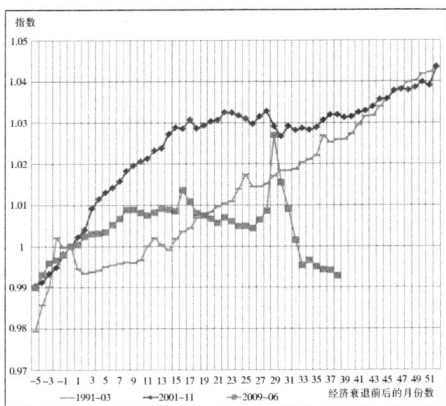

政府部门就业